천사들은
우리 옆집에
산다

천사들은
우리 옆집에
산다

사회적 트라우마의 치유를 위하여

| 정혜신·진은영 지음 |

지상에서 천국을 찾지 못한 사람은
하늘에서도 천국을 찾지 못할 것이다.
우리가 어디로 이사 가든
천사들이 우리 옆집을 빌릴 테니까.

　　　　　　　　　　　　　—에밀리 디킨슨

사랑하라, 희망 없이

진은영

1.

한해가 끝나고 새해가 시작될 때마다 사람들은 말한다. 이제는 희망에 대해 이야기하고 불행한 기억들은 마음속에서 그만 떠나보내자고. 희망이 없다면 과연 우리가 무엇을 할 수 있 겠으며, 무엇이 우리를 행동하도록 만들겠는가? 이런 질문에 대 꾸하기가 곤란해 우리는 그냥 희망이 있는 셈 치기로 한다. 그러 나 이렇게 묻는 사람도 금세 입을 닫아버릴 것이다. 마음속 깊은 곳에서 우리에게 과연 희망이 있을까 하는 의구심이 봄날의 푸 른 고사리처럼 자라나기 때문이다. 모두들 우리는 너무 피로하 고 지쳐 있으며 변화될 가망은 없다고 느낀다. 내 생각도 별반 다르지 않았다.

그러나 사회운동가이자 퀘이커교도였던 파커 J. 파머Parker J. Palmer는 놀랍게도 우리의 피로감이야말로 우리를 구원할 수 있다고 생각한다. 그는 흑인인권운동의 가장 감동적인 싸움 중 하나였던 '몽고메리 버스 보이콧 운동'을 만들어낸 로자 파크스Rosa Parks의 결정을 그 예로 든다.

1955년 12월 1일, 앨라배마 주 몽고메리에서 로자 파크스는 그만 해서는 안될 행동을 했다. 버스 앞쪽의 백인 전용 좌석에 앉은 것이다. 그것은 엄연히 인종차별이 존재하는 사회에서 위험하고 대담하며 도발적인 행동이었다. 여러해가 지나 전해오는 이야기에 의하면 어떤 대학원생이 그녀에게 이렇게 물었다고 한다.

"그날 당신은 왜 버스 앞자리에 앉았나요?"

로자 파크스는 사회변혁을 꾀하기 위해서라고 대답하진 않았다.

그녀의 동기는 아주 단순했다.

"피곤했거든요."

하지만 피곤한 건 그녀의 몸만이 아니었다. 그녀의 영혼이, 그녀의 마음이, 그녀의 존재 전체가 인종차별주의자들의 규칙에 놀아나는 것에, 그녀 영혼이 주장하는 자아를 부인하는

것에 피곤해졌다는 의미이다.[*]

우리는 대체로 온순하고 얌전한 사람들이다. 어지간하면 사회가 원하는 속도와 방식에 따르려고 애쓰는 편이다. 우리는 역사의 진보를 믿고 도덕적 사명감으로 무장하여 사회변혁을 꿈꾸는 부류의 사람들이 아니다. 그렇지만 이제 요구하는 대로는 더이상 움직여줄 수가 없다. 로자 파크스가 그랬던 것처럼 몸과 마음이 너무나 피곤하기 때문이다. 희망이 있어서가 아니라 너무 지쳤기에 우리는 멈추는 일을 '해야' 한다. 습관적으로 움직이지 말고 조금이라도 고요한 곳에 앉아서 몸과 마음에서 일어나고 있는 일들을 살펴야 한다. 만일 우리를 고통스럽게 했던 일들이 인간의 힘으로는 막을 수 없는 재앙이었다면 우리는 신과 자연의 섭리에 대해서 충분히 묵상해야 했을 것이다.

그러나 이 책에서 다루고 있는 극단적 고통들은 결코 신의 탓이 아니다. 기독교도이자 시인인 C. S. 루이스C. S. Lewis는 이렇게 말했다. "고통의 가능성은 영혼들이 서로 마주치는 세계의 존재 그 자체에 이미 내재되어 있습니다. 영혼들이 악해질 때는 틀림없이 이런 가능성을 이용하여 서로를 해치려 들 것입니다. 그리고 인간들이 겪는 고통의 5분의 4는 여기에 그 원인이 있다고 해야 할 것입니다. 고문과 채찍과 감옥과 노예와 총과 총검과

• 파커 J. 파머 『삶이 내게 말을 걸어올 때』, 홍윤주 옮김, 한문화 2007, 61~62면.

폭탄을 만든 이는 하나님이 아니라 사람입니다. 우리의 가난과 과로는 자연의 심술 때문에 생기는 것이 아니라 인간의 탐욕 내지는 어리석음 때문에 생기는 것입니다."•

국가에 의한 고문과 살인, 비인간적인 정리해고, 300명이 넘는 사람들을 수장시킨 참사를 불가피하다거나 불운한 일이었다고 치부할 때, 그리고 그 일들을 드러내고 성찰하려는 간절한 움직임을 방해할 때, 그것은 피해자들뿐만 아니라 무엇보다도 신을 욕되게 하는 것이다. 가장 큰 신성모독은 신의 뜻을 섬긴다면서 인간의 모든 악을 신에게 짊어지우는 것이므로. 지금 눈앞에 펼쳐져 있는 이 많은 고통의 문제들이 신이나 불운의 탓이 아니라 우리가 사회적으로 만들어낸 상처임을 인정하는 것, 그렇기 때문에 멈출 수 있음을 아는 것, 이것이 사회적 트라우마를 치유하는 첫걸음이다.

2.

작년 10월, 나는 세월호 참사와 사회적 트라우마에 대한 이야기를 나누기 위해 정혜신 선생님이 계신 안산을 찾았다. 사실 처음 만남은 『창작과비평』의 대화란에 실릴 한차례 대담을

• C. S. 루이스 『고통의 문제』, 이종태 옮김, 홍성사 2008, 135면.

위한 것이었다. 그런데 이야기를 나누면 나눌수록 사회적 트라우마에 대해 알아야 할 것들이 너무 많았고, 몇차례의 만남이 더 필요했다. 그후 비 내리던 날, 바람 불던 날, 그리고 단풍과 볕이 좋아 더 쓸쓸하던 몇몇 날들에 우리는 안산과 서울을 오가며 만났다. 대담이라고 이름 붙은 만남이었지만, 선생님께서 주로 이야기하셨고 나는 내내 들었다. 힘겨운 이야기를 듣고 정리하는 일이 쉽지는 않았다. 이 책을 읽는 독자들도 마찬가지일 것이다. 그러나 고통스러운 이야기에 함께 머무는 시간은 살던 그대로 살아가는 습관의 맹목성을 우리에게서 거둬가고 새로운 관계를 시작할 고요한 공간을 열어주리라 믿는다.

치유공간 '이웃'은 지금 우리 곁에 막 생겨난 고요한 공간 중의 하나이다. 정혜신 선생님과 대화를 나누었던 '이웃'의 유난히 밝은 방은 각별히 방음에 신경을 썼다고 한다. "제대로 울 곳조차 없는 이들을 위한 장소예요"라고 소개하던 선생님의 따뜻한 목소리가 귓가에 맴돈다. 참 섬세하고 시적인 배려라고 생각했다. 그런데 이어진 설명은 이러했다. 아이를 잃고 집에 돌아온 밤, 부모가 통곡을 하니 옆집에서 따라 울었다. 밤마다 울음소리가 이어졌다. 그러다 100일쯤 지나자 옆집에서 신고를 했다. 야박한 이야기로 들리지만 충분히 그럴 수 있다. 아이 잃은 부모를 생각하면 여전히 안됐고 아이가 그리된 것도 한없이 가엾지만, 출근도 해야 하고 내 아이도 학교에 보내야 하는 입장에서는 밤

새 들려오는 울음소리를 계속 듣고 있기가 어려운 것이다. 그런 이웃의 고충을 알기에 부모들은 목 놓아 울지 못하고 숨죽이며 흐느낀다. 그래서 그들에게는 방해받지 않고 아무 때나 달려와서 실컷 울 수 있는 공간이 꼭 필요했다.

정혜신 선생님의 '이웃 치유자'는 감상적인 개념이 아니라, 상처받은 이들의 상황을 잘 관찰하고 그들에게 실질적인 도움이 되는 것이 무엇인지 치밀하게 헤아리는 기민한 정신의 결과물이다. 그녀는 사랑의 과학자다. 이웃에 대한 환대와 사랑은 아둔할 정도로 희생적이고 선량한 마음을 통해 실현되는 것이 아니다. 그런 마음의 신비가 강조될수록 우리는 무력감과 자괴감에 빠지게 된다. 소수의 몇몇을 제외하면 우리는 이웃에 가닿을 만큼의 신성을 가지고 있기는커녕 생계 때문에 사랑의 순결을 유보해야 하는 무력하고 불완전한 존재들이기 때문이다. 내가 만난 그녀는 이웃집 천사가 되기 위해 위대한 사랑이 필요하다고 강변하지 않았다. 다만 부서지기 쉬운 존재들이라서 우리가 서로 사랑할 수 있다는 것, 그래서 다가가고 사랑하는 일에도 배움이 필요하다고 말한다.

3.

상처와 사랑과 고통에 대한 정혜신 선생님의 이야기를 듣고 원고를 정리하는 내내 나는 영국 시인 로버트 그레이브스 Robert Graves의 시를 떠올렸다. 1차대전에 참전한 후 심각한 외상 후 스트레스 장애를 겪었던 이 시인은 무척이나 아름다운 연애 시를 쓴 적이 있다.

사랑하라, 희망 없이, 마치 젊은 새잡이가
지주의 딸에게 자기의 높은 모자를 휙 벗어 날려보내듯이
그리하여 감금되었던 종달새들이 도망쳐 날아오르게 하라
그녀가 말 타고 지나갈 때 그 머리 주위에서 노래하도록
—「사랑하라, 희망 없이」

가난한 젊은 사냥꾼과 지체 높은 아가씨의 사랑은 동화 속에서나 쉽게 이뤄지는 것이지 현실에서는 그렇지 않다. 그들은 신분의 장벽을 넘어 사랑에 빠지기 힘들 테고, 부모의 허락을 받아내기는 더 어려울 것이며, 야반도주를 하더라도 고작 쫓기는 신세가 될 것이다. 그래도 젊은이는 사랑을 감추지 않는다. 아가씨에게 모자를 벗어 날리며 동경과 유혹의 마음을 동시에 표현한다. 연인이든 삶이든 주어진 것만을 받아들이라는 명령으로부

터 벗어나 자기 마음의 새를 자유롭게 풀어놓으려는 것처럼.

　이 사랑은 젊은 새잡이의 삶을 그리 평화롭게 이끌어가지는 않을 것이다. 오히려 그의 삶을 더 곤궁하고 난처하게 만들 테지만, 그래도 이 젊은이는 사랑을 시작한다. 사랑의 속삭임을 피할 수 없어서, 넘치는 사랑의 마음을 가둘 수 없어서 그는 사랑에 빠진다. 이것은 위대한 사랑이 아니라 피할 수 없는 사랑이다. 그래서 시인은 가장 아름답게 명령할 수 있는 것이다. 사랑하라, 희망 없이. 우리 안에 차오르는 슬픔을 어찌할 도리가 없어 우리는 다시 시인의 명령을 마음에 새긴다.

차
례

1

세월호의 아픔을
보듬는 '이웃'

'그곳에 가는 일이 참 많이 힘들다.' 세월호 참사 이후 안산에 있는 서울예대에 강의를 나가는 작가들이 괴로워하며 하는 이야기를 들었다. 작가들만 그런 건 아니다. 안산의 와동 분향소에 조문하러 다녀온 많은 사람들이 그렇게 고백했다. 그런데 그날 이후 짐을 싸서 그곳으로 아예 살러 간 사람이 있다. 정신과 의사 정혜신이다. 그녀는 지금 자신이 와동에 마련한 치유공간에서 세월호 유가족을 비롯해 세월호 참사로 상처받은 많은 사람들과 매일 함께한다. 지난해 9월 11일 조용히 문을 연 이 치유공간의 이름은 '이웃'이다. 나는 그곳을 찾아가며 에밀리 디킨슨Emily Dickinson의 시구를 떠올렸다. "지상에서 천국을 찾지 못한 사람은 하늘에서도 천국을 찾지 못할 것이다. 우리가 어디로 이사 가든 천사들이 우리 옆집을 빌릴 테니까." 지난 몇년간 여러곳을 지나며 이 시구를 떠올렸다. 그렇지만 그녀를 만나러 가던 때만큼 이 시구가 마음 깊이 맴돌았던 적은 없다. 그곳에 가면 이웃집 천사를 찾을 수 있을까? 정혜신 선생은 죽음의 동공처럼 삶과 영혼이 깊이 파인 안산에서 무엇을 하고 있는 걸까?

치유공간
'이웃'을 찾아서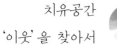

진은영(이하 '진') 공간이 무척 따듯하고 포근하네요. 새로 만들어진 공간인데도 낯설지가 않고 방금 들어왔는데도 편안해요.

정혜신(이하 '정') 지난 9월 11일에 문을 열었어요. 세월호 유가족들이 가다 넘어지면 약 바르고, 허기지면 함께 밥술 뜨고, 지치면 쉬었다 가고, 외로우면 함께 울고, 아이들 얘기하다 웃을 수 있는 공간으로 만들려고 했죠. '이웃'이 생기기 전까지는 주로 유가족분들의 집에서 상담을 했어요. 그분들이 집밖으로 잘 나오지 않는 상황이어서 집으로 찾아가야 하는 경우가 많았거든요. 그런데 막상 가보면 저 때문에 일부러 신경 써서 청소한 것이 느껴질 때가 많아서 늘 마음에 걸렸어요. 그런데 이렇게 공간이 생긴 뒤로는 부담이 한결 덜어졌지요.

진 아직은 안산 시민분들에게 그리 많이 알려지지 않았나봐요. 저는 '이웃'을 금세 찾을 수 있을 거라고 생각했는데 동네 분들이 잘 모르셔서 건물 앞을 여러번 왔다 갔다 했어요.

결국 부동산에 들어가서 주소지를 확인하고 올라왔는데, 간판이 크게 있는 것도 아니어서 누군가에게 이야기를 듣거나 친한 이의 손을 잡고 오지 않으면 쉽게 발견할 수는 없는 공간이겠어요. 숨겨진 공간인데 들어오면 집처럼 편안하고요. 입구에서 제일 먼저 보이는 곳이 부엌이네요.

정 음식 냄새가 많이 나죠? 밥을 같이 먹는 것이 무척 중요해요. 그래서 아주 정성껏 차리죠. 며칠 전에는 들통에 곰국을 끓여서 같이 먹었어요. 유가족 부모님들 거의가 그날 이후로 밥을 제대로 못했다고 해요. 나 먹겠다고, 식구들 먹겠다고 장을 봐서 음식을 만드는 것 자체가 미안한 마음이 들어서 포기하는 거죠. 죄의식 때문에요. 늘 바깥에서 겨우 사서 먹거나 시위 현장에서 도시락을 먹거나 하니까 편치 않아요. 정부나 여러 단체에서 도시락이나 반찬을 지원하기도 하는데, 그다지 도움은 되지 않는 것 같아요. 급식용으로 만든 음식이라 그럴 거라고 생각해요. 허기는 면할 수 있지만, 집밥을 오래 못 먹으면 사람이 안정적으로 살 수 없잖아요. 그래서 죽도 쑤고 누룽지도 많이 끓여드려요. 아직도 밥을 잘 못 넘기는 분들이 많거든요. 그래도 여기서는 잘 드세요.

또 전국에서 마사지하는 분들이 자원봉사하러 오세요. 유가족들이 잠을 못 자서 온몸이 굳어 있거든요. 그도 그렇지만,

'그분들을 좀 만져주면 좋겠다'는 마음이 절박해서예요. 유가족들이 마사지를 받으면서 하는 말이, 만져주니까 눈물이 난다는 거예요. 버림받은 것 같고, 자식도 잃고 다 무너져서 허허벌판에 혼자 벌거숭이로 내던져진 것 같아서 너무 추운데, 누가 만져주니까 그렇게 우시는 거예요. 꼭 엄마가 쓰다듬어주는 것 같은 느낌이 드는 거죠. 심리적으로 퇴행하는 것이기도 합니다. '이웃' 안쪽에 상담을 위한 공간이 따로 마련되어 있긴 하지만, 우선은 그런 활동들이 더 중요하다고 생각해요.

진　한쪽 벽 전면을 차지하고 있는 그림이 참 좋습니다. 어느 분의 작품인가요?

정　제목이 '봄소풍'인데요, 김선두 선생님이 그려주신 그림이에요. 영화 「취화선」에서 장승업의 그림들을 그리신 분이에요. 참 아름다운 그림이죠. 아이들이 우리와 다른 세상으로 봄소풍을 떠나는 모습이에요. 그림을 보자마자 가족분들이 많이 우셨어요. 그러면서 한편으로는 안도하기도 하고요. '우리 아이들이 지금 저런 곳에서 밝게 뛰어놀고 있겠지……' 하는 마음이 들어서일 거예요. 참 고마운 일이에요.

진　세월호 참사 이후 벌써 많은 시간이 흘렀네요. 세월호 이야기를 계속 들으니 많이 피로하다며, 이제는 그만 들었으면 한다는 분들이 있습니다. 어떤 분들은 유가족이 본인들을 위해서라도 스스로 마음을 추스르고 일상으로 돌아와야 할 때라고 이야기하고요. 물론 유가족을 끝까지 도와 사건의 진실이 밝혀질 때까지 거리와 광장에서 싸워야 한다는 분들도 있습니다. 또 선생님처럼 희생자 아이들의 학교와 집이 있는 동네로 무조건 달려온 분도 있고요. 선생님께서는 단원고 학생 희생자가 가장 많이 발생한 와동에 치유공간을 마련하셨는데요, 어떻게 이들과 함께하시게 된 건지요?

정__ 그동안 저는 정신과의사로서 국가적인 재난으로 PTSD Post Traumatic Stress Disorder, 외상후 스트레스 장애·트라우마를 겪는 분들을 주로 상담해왔어요. 고문피해자들을 오랫동안 상담했고, 쌍용자동차 해고노동자들을 돕기 위해 평택에 심리치료센터 '와락'을 만들어서 활동하기도 했어요. 모두 국가폭력으로 인한 외상후 스트레스 장애를 겪는 사람들이죠. 그러다가 세월호 사건으로 큰 고통을 겪는 이들을 도울 수 있는 부분이 있을 것 같아서 그간 하던 일을 모두 정리하고 안산으로 들어왔습니다.

이 사건에 대해서 사십대 이상의 어른들은 모두 죗값을 치러야 한다고 많은 분들이 이야기하시는데, 저도 그 죗값을 치르기 위해 이곳에 온 거예요. 처음부터 유가족을 대상으로 심리치료를 진행한 것은 아니고, 처음에는 진도 팽목항에 가 있다가 단원고 생존학생들이 학교에 복귀하기 전 중소기업연수원에 들어가 있을 때 함께 숙식을 하면서 여러가지 심리적 지원을 했습니다. 생존학생들이 사고 초기에 접했던 정신과 치료에 대한 반감이 매우 심각한 상태였기 때문에, 아이들의 안정을 위해서 우선 교사들과 부모님들의 혼란을 줄이는 일이 필요했어요. 그래서 단원고 2학년 담임교사들의 집단상담과 생존학생 부모님들과의 대화에 가장 집중했습니다.

아이들 걱정을 많이 했는데, 다행히 학교에 잘 돌아갔어요. 첫날 학교에 가서는 한두시간 동안 국화꽃이 놓여 있는 친구 자리에 가서 희생된 친구들과 선생님에게 편지를 쓰도록 했어요. '나야. 우리는 이제 학교에 왔다. 너는 그동안 잘 있었니?' 하고 그간 못했던 이야기를 하는 편지를요. 사실 연수원에 있는 동안 여자아이들은 자신의 슬픔과 고통을 겉으로 표현하고 상담도 잘 받는데 남자아이들은 거부하거나 피하는 경우가 많았어요. 유가족도 엄마들은 많이 우시는데 아빠들은 그런 걸 잘 못하잖아요. 아이든 어른이든 남자들은 감정적인 표현을 힘들어하죠. 그런데 편지를 쓰면서는 남학생들이 많이 울었어요. 그러고 나서 선생님과 친구들에게 보내기 위해 편지를 태웠어요. 그러면서 사고 이후 학교생활의 첫발을 뗀 셈이죠.

넘어지는 쪽으로 핸들을 꺾어야
쓰러지지 않아요

진 유가족을 '시체장사꾼'으로 매도하는 악의적인 시선이 있기도 합니다만, 세월호 피로감을 이야기하는 이들이 특별히 냉정하고 몰인정해서 그런 것 같지는 않아요. 주변의 지인 중에도 세월호 팔이가 지겹다, 이제 그만했으면 좋겠다고 푸념하는 경우가 있었거든요. 그런데 그렇게 말하는 이들 중에는 의외로 마음이 여리고 예민해서 작은 일에도 아주 우울해하는 사람들이 많습니다. 제가 사실 그 얘기를 듣고 조금 화도 나고 당황스럽기도 해서 왜 그러느냐고 물었어요. 그랬더니 계속 이야기해봐야 딱히 도움을 줄 수 있는 것도 아니고, 또 우리 사회가 변할 것 같지도 않은데 왜 괴롭게 똑같은 이야기를 반복해야 하느냐는 거였어요. 사실 세월호 이야기를 그만하고 싶은 마음 깊은 곳에는 무력감이 있는 것 같습니다. 어떻게 해야 할지 도무지 모르겠는 마음이요. 그런데 바꾸어 생각해보면, 조금이라도 도움을 줄 수 있고 변화시킬 수 있다는 걸 알게 된다면 사람들이 세월호 이야기가 지겹다는 말을 더이상 하지 않을 것 같아요. 세월호 사건이 지겨운 것이 아니라, 결국 큰 고통과 불행을 속수무책으로 바라보아야만 하는 무기력한 우리 자신을 못 견디는 것이니까요. 우리는 고통받는 이들에게 다가갈 수 있는 길을 잘 알지 못하고 늘 어쩔 줄 몰라합니다.

정 멀리서 보면 도움을 줄 수 있는 틈이 보이지 않아서 막막하고 무기력하지만, 가까이 와보면 달리 보일 수 있어요. 그래서 자세히 들여다보는 것이 중요합니다. 우선 그분들이 어떤 고통을 겪고 있는지 섬세하게 이해하려는 노력이 필요해요. 어떤 유가족 엄마는 집밖을 잘 못 나오세요. 나갔다가 아이 데리고 길을 가는 부모를 보면 '저 사람은 지금 나 보라고 유세하는 거야?' 하는 생각이 들어서 막 때려주고 싶다는 거예요. 그러다 돌아서서 생각해보면 그러는 자기 자신이 참 기막히게 느껴지고, 그래서 바깥에 못 나온다는 거죠. 또 어떤 유가족 부모는 사고 뒤로 집에 들어가지 않고 계속 차에서 잠을 잤어요. 낮에는 집에 아이가 없어도 학교에 간 것 같고 친구 만나러 간 것 같아서 괜찮은데, 밤에 부부 둘만 있으면 아이가 죽었다는 것이 너무 실감이 난다는 거예요. 그 상황을 견디기가 고통스러워서 밤에 집에 들어가지 못하는 거죠. 집 앞에 차를 세워놓고 거기서 자고, 아침에 집에 들어가서 씻기만 하고 다시 나오는 거예요.

유가족만 고통스러운 것이 아닙니다. 생존학생이나 그 부모들은 유가족들을 보면 무조건 죄의식을 느껴요. 아이들이 등교할 때 유가족 부모님 20~30명이 오신 적이 있거든요. 아이들에게 잘 지내라고, 친구들 몫까지 네가 다 하라고 얘기해주면서 꼭 안아주었어요. 그런데도 아이들은 희생된 친구들 부모님을 만나면 가슴이 두근두근해요. 누가 뭐라고 하지 않는데도 자기 혼자 살아나온 것에 죄의식이 드는 거예요. 그 부모님들도 자기 아이의 고통을 어떻게 나누고 도와줘야 할지 몰라서 겪는 고통이 커요. 이런 여러 빛깔의 아픔들이 우리 주위에 있습니다.

어느 여학생 엄마가, 하루는 집에 와보니 아이가 어디 간다는 이야기도 없이 열한시까지 안 들어왔더래요. 걱정이 돼서 사방을 헤매다녔는데, 알고 보니 자기 교실에 있다고 하는 거예요. 그래서 달려가보니 아이가 자기 교실에 가서 여기 앉아서 한참을 있다가, 또 자리를 옮겨서 한참을 앉아 있다가 그러더래요. 엄마가 기가 막혀하며 교실에 들어갔더니 아이가 방해되니까 나가달라고 하고요. 그래서 그 엄마가 아이를 집에 데리고 와서 이렇게 말했답니다. '네가 친구를 자꾸 그리워하면 친구가 하늘나라에 못 간다. 네가 떠나보내줘야 된다.' 아이를 걱정하는 마음에서 한 말이죠. 많은 분들이 이 엄마가 잘하신 거라고 생각할 거예요. 사실 이런 상황이 닥치면 대부분의 엄마들이 이렇게 할 거고요. 두려우니까요. 밤 열한시에 여자아이가 혼자 불 꺼진 교실에 앉아 있다는 게 상상만 해도 무섭잖아요. 아이라고 왜 안 무섭겠어요. 그런데 그 아이에게는 무서움을 뛰어넘는 다른 더 강한 감정이 있는 거예요. 그리움이라는 감정이요. 친한 사람이 갑자기 사라지면 관계가 단절되잖아요. 같이 나누고 싶었던 많은 것들이 못다 한 채로 남게 되죠. 그게 정리가 되어야 이 관계로부터 떠나갈 수가 있어요. 하고 싶었던 일들이 충분히 이루어지지 않으면 거기에서 영영 못 떠나요. 친구를 하늘나라로 보내주어야 하고 자신은 일상으로 돌아와야 된다는 걸 고등학교 2학년 정도 나이면 잘 압니다. 몰라서 안되는 게 아니라 알아도 안되는 거죠. 생각으로 되는 것이 아니라 정서적으로 되어야 하는 것이니까요.

진__ 예전에 "슬픔만 한 거름이 어디 있으랴"라는 허수경 시인의 시구를 열심히 외우고 다니면서 슬픔을 너무 두려워할 필요는 없다고 말하기도 했었는데, 사랑하는 사람, 가까운 친구의 죽음이 주는 슬픔에 대해서는 도무지 그렇게 생각할 수가 없죠. 거름이 되려면 감정이 삭아야 한다고 해야 할까요? 일종의 발효과정이 필요한데 그런 슬픔은 잘 녹지도 않고 잘 줄지도 끝나지도 않은 채 계속되는 기분이 듭니다. 이런 슬픔은 어떤 방식의 애도를 통해 견뎌내야 할까요?

정__ 이런 심리학 실험이 있어요. 사람들을 두 집단으로 나눠서 영화를 보여주는데, 한 집단은 영화를 끝까지 다 보여주고 다른 집단은 영화가 끝나기 직전에 갑자기 멈춰요. 그리고 몇달 뒤에 사람들에게 그때 본 영화에 대해 물어봅니다. 그럴 때 어떤 집단이 영화에 대해서 더 분명하게 기억하고 있을까요? 물론 결말을 못 본 집단이에요. 왜 그럴까요? 영화의 결말을 본 집단은 욕구가 해소되었으니까요. 해소된 욕구는 더이상 욕구가 아니에요. 배가 고팠던 사람이 밥을 먹고 나면 배고픈 욕구는 사라지는 거잖아요. 이처럼 욕구가 충족되면 욕구로부터 자유로워질 수 있는데, 충족이 되지 않은 욕구는 계속 남아 있는 거죠.

모든 인간은 완료에 대한 욕구가 있습니다. 영화를 보기 시작했으면 끝까지 보고 다음 단계로 넘어가려는 것이 인간의 본능인 거죠. 그런데 완료하지 못하고 중간에 억지로 끝나버리면 그다음 단계로 넘어가지 못하고 거기서 계속 맴돌아요. 재난으로 누군가와 갑작스럽게 이별을 하는 경우처럼 갑자기 죽음과 관련한 엄청난 트라우마를 겪으면, 잊어야 한다, 일상으로 돌아가야 한다고 아무리 말해봐야 소용이 없어요. 잊어지지 않아요. 그러니 완료되지 않고 중간에 툭 끊어진 그 욕구를 마음 안에서 충분히 완료할 수 있도록 도와주어야 합니다. 그래야 이 슬픔의 경험, 이 고통의 느낌으로부터 떠나갈 수가 있어요. 4월 16일에 내 아이의 삶이 끝나지 않았더라면 그 아이는 지금 무엇을 하고 있을지, 그건 내게 어떤 의미이고 어떤 느낌일지, 그것을 모조리 빼앗긴 지금의 내 삶, 내 마음은 어떤지, 삶을 빼앗긴 내 아이의 마음은 어떨지…… 이 모든 마음들, 생각들, 감정들을 다 드러내고 울고 또 울며, 분노하고 또 분노하며, 세상 끝자락까지 절망하고 또 절망하며, 기도하고 또 기도하는 시간들을 거쳐야 합니다. 그게 흔히 말하는 애도예요.

우리는 애도가 중요하고 애도를 해야 한다고 하면서도 막상은 서로 애도를 막습니다. 아이 이야기를 하는 것을 꺼리고 은근히 막아요. 많이 울고 많이 슬퍼해야 한다고 말하면서도 제대로 못 울어요. 아이 아빠가 막 참고 있으니까 아이 엄마는 이렇게 생각해요. '저 사람도 너무 힘들 텐데 가장이니까 울지도 못하고 참는구나. 나 때문에 더 힘들면 안되지.' 그래서 옆에서 안 울고 참아요. 희생학생의 형제자매들은 또 '부모님이 더 힘드실 텐데 울지 않으시는구나. 그러니까 나도 참아야지' 하게 되지요. 그러면 또 부모님은 그런 아이 때문에 더 참는 거예요. 결국 서로가 서로를 배려한다면서 아무도 애도를 하지 못해요. 그러면서 서서히 비틀리거나 병이 나게 되는 거죠.

가족뿐 아니라 친구를 잃은 아이들도 친구들과의 관계를 완료할 수 있도록 도와주어야 합니다. 밤 열한시에 교실에 가 있는 아이에게 엄마가 그러면 안된다고 하는 건 자신의 불안 때문에 아이의 애도를 막는 거예요. 아이는 본능적으로 자기가 살기 위해서 거기 가는 거예요. 자기가 스스로 해결해보려고요. 그럴 때는 아이를 가로막지 말고 '거기는 누구 자리였니? 그 친구랑 너랑 어떤 관계였니? 그랬구나, 그런 일이 있었구나. 지금 그

아이들이 다른 세상으로 봄소풍을 떠나는 모습이에요.
그림을 보자마자 가족분들이 많이 우셨어요.
그러면서 한편으로는 안도하기도 하고요.

친구 엄마는 어떠시니?' 하고 부모님이 안정감을 가지고 물어봐 주어야 해요. 아이가 더 많이 이야기할 수 있도록 옆에서 적극적으로 격려하고 지지해주어야 아이가 친구와의 관계를 심리적으로 충분히 채우고 그 경험과 감정으로부터 자유로워질 수 있어요. 그러기 전에는 '일상으로 돌아와야 한다, 이제는 그만 울 때도 되었다' 같은 이야기나 설득으로는 사람 마음이 요만큼도 움직이지 않아요.

단원고에 다니지 않더라도 초등학교, 중학교 친구나 동네 친구를 잃은 아이들도 있지요. 그 아이들이 스스로 사진관에 가서 영정사진 들고 사진 찍고 서로 친구 이야기를 나누기도 합니다. 그럴 때는 걱정하지 말고 격려해야 돼요. 더 구체적으로 별이 된 친구에 대해 물어봐주고 그 과정을 촉진시켜주어야 해요. 그래서 마음속에서 그 아이와의 관계가 갑자기 끊어진 것이 다른 사람과의 대화 속에서 기억과 추억과 그리움으로 정리되어 자기 안에서 진도가 나가도록 옆에서 도와야 해요.

어린 시절 자전거 타는 법을 배울 때 그런 얘기를 듣습니다. 가다가 넘어지려고 하면 넘어지는 쪽으로 핸들을 꺾으라고요. 어렸을 때는 그 말이 이해가 안 갔어요. 왼쪽으로 넘어지려고 하면 오른쪽으로 꺾어야 안 넘어지지, 넘어지는 방향으로 핸들을 꺾으면 되나? 그런데 직접 배워보니 그 말이 맞더라고요. 살다보니까, 사람 마음의 법칙도 똑같아요. 우리가 살다가 너무 슬플 때는 슬픈 쪽으로 핸들을 꺾어야 넘어지지 않습니다. 슬퍼야 할 때 슬프지 않으려 하면 반드시 넘어지게 되어 있어요. 무너지게 되어 있어요. 마음껏 슬퍼해야 합니다. 슬플 때 더 안정적으로, 더 편안히, 더 실컷 슬플 수 있도록 격려해주어야 합니다. 그래야 무너지지 않고 더 빨리 일상으로 돌아올 수 있어요.

유가족 중에서 엄마들은 많이 울고 많이 그리워해요. 아이 방에 들어가면 아이는 없어졌는데 아이 냄새는 아직 남아 있다며 베개를 끌어안고 하루 종일 울어요. 그러면 아빠는 언제까지 그러고 있을 거냐고, 그만 나오라고 합니다. 그렇게만 보면 아빠들이 자기 감정을 잘 수습하는 것 같아 보이지만, 실은 그렇지 않아요. 남편이 아내에게 '당신 오늘 실컷 울었으니까, 우리 애 앞에서 다시는 울지 말기로 약속하자'라고 해요. 그건 필요 없는 약속입니다. 남자들이 자기 감정을 통제하는 데 몰입하다보니까 스스로 잘 견디고 남들보다 강하다고 느낄 수 있어요. 그렇지만 그건 강한 게 아니라 자기 감정과 대면하기를 회피하는 거예요. 자식의 죽음을 잘 견딘다는 건, 자식을 잃은 슬픔을 객관적이고 합리적인 태도로 추스른다는 건 있을 수 없는 일이에요. 예를 들어서 심한 독감이 유행할 때 건강한 사람은 걸리지 않고 몸이 약한 사람은 걸리는 건 개인적인 차이죠. 감기는 피할 수 있는 거예요. 하지만 몸이 건강하니까 총을 맞았는데도 아프지 않다는 건 있을 수 없어요. 자식이 죽었다는 것은 총을 맞은 것과 같은 경험입니다. 이건 누구도 피할 수 없는 고통인데, 그럴 때 잘 지내는 것처럼 보이는 사람은 오히려 더 위험한 사람이에요. 그런 사람들이 나중에 부작용을 훨씬 많이 겪고, 어느 순간에 아이에 대한 그리움과 세상에 대한 분노가 한꺼번에 몰려오면서 큰 어려움을 겪거나 극단적인 선택을 하는 경우를 많이 봅니다.

진 말씀을 들으니 생존학생과 유가족이 슬픔을 안에 가두지 않고 충분히 잘 흘러나오게 할 수 있도록 돕는 일이 제일 시급하겠네요. 그러기 위해서 우리가 해야 할 일과 하지 말아야 할 일이 무엇일까요. 사실 많은 분들이 세월호 피해자분들과 함께하고 싶은데 구체적으로 어찌해야 할지 모르겠다는 말을 많이 합니다.

정 일단 더이상의 상처를 주면 안됩니다. 유가족을 가까이에서 만나는 분들도 유가족에 대한 오해를 많이 해요. 옆에서 보니 이해가 안 가는 모습이 보인다고도 하고요. 어떤 유가족 아빠와 상담하다가 이런 얘기를 들은 적이 있어요. 사고가 나고 한달 조금 넘었을 때인데, 아빠들이 늘 모이는 사무실 텔레비전에서 그동안은 늘 세월호 사건 뉴스가 틀어져 있었는데 언제부턴가 채널이 돌아가더래요. 스포츠 채널로도 가고, 드라마가 틀어져 있기도 하고, 한번은 류현진 선수가 나오는 야구경기 중계가 나왔는데, 아빠들이 무심코 보다가 재밌어진 거예요. 그러다 류현진 선수가 너무 잘 던지니까 어느 순간 환호를 했대요. 그러고 나서 서로를 돌아본 거죠. '우리가 지금 뭘 하고 있는 거야' 하고요. 그 아빠가 그 얘기를 하면서 '세상에, 애를 잃어놓고는 야구를 보다가 환호를 하다니, 내가 인간입니까' 하고 괴로워하시더라고요. 네, 인간이죠. 인간이니까 그러는 거죠. 유가족이라고 이십사시간 내내 유가족으로 사는 건 아니에요. 그러니까 야구를 보다가 환호를 할 수도 있죠. 또 몇년이 흐른 뒤에 야구경기를 보다가 갑자기 아들 생각이 나서 펑펑 울기도 하고요. 그런 것이 사람입니다. 그러니까 우리가 머릿속에 유가족이란 모름지기 이러이러할 것이라는 틀을 가지고 보면 그 사람들에게는 매우 가혹한 폭력이 돼요.

실제로 유가족에 대한 그런 선입견 때문에 바깥출입을 못하는 부모들이 있어요. 밖에서 누구랑 얘기하다가 무심결에 웃는 모습을 보고 다른 사람들이 '저 엄마는 계모 아냐?' 하고 수군거렸다는 소문을 듣고 크게 충격을 받았대요. 아이를 잃은 엄마도 어떤 상황에서는 얘기하다가 웃을 수 있는 거예요. 유가족은 우리가 볼 때마다 계속 울어야 하나요? 우리는 그럴 거라고 착각합니다. 우리 전제가 잘못된 건데 유가족이 이상하다고 생각하는 거죠. 지금 내가 보고 있는 모습이 그 사람의 전부가 아니라는 사실을 아는 것이 중요합니다. 그 사실만 감지하고 있어도 누군가에게 폭력적인 사람이 되지 않을 수 있어요. 그걸 인식하지 못하면 본의 아니게 누군가에게 비수를 꽂을 수 있는 거고요. 안산에서 제가 하고 있는 주된 일 중 하나가 생존학생이나 유가족이 주변 사람들에 의해 이런 2차 트라우마를 겪지 않도록 유가족의 상태를 알리고 이들을 배려하는 방법을 교육하는 것입니다. 유가족이 느끼는 마음의 고통을 충분히 이해하지 못하면 그들을 크게 오해하게 돼요. 그리고 그 오해 때문에 서운해진 마음을 주변 사람들이 다른 곳에 전하고, 또 그 이야기에 살이 붙으면 유가족에 대한 악의적인 루머가 떠돌게 되고…… 그러면서 유가족이 국민들로부터 고립되는 상황이 벌어지는 거죠.

아이에 대한 사랑을
완료할 수 있는 시간을

진　그렇군요. 유가족들의 고통을 가까이에서 많이 접하는 것이 아무래도 안산의 이웃들일 텐데요, 그분들이 어떤 점을 많이 궁금해하고, 또 선생님은 어떤 점을 집중적으로 교육하시는지요?

정　시청의 한 공무원이 제게 개인적으로 한 이야기인데요, 희생자 가정을 방문하면 아이 사진이 있잖아요. 그러면 '○○ 엄마' 하고 그 아이 이름을 불러도 되는지 부르지 말아야 하는지, 사진을 보고 알은척을 해야 하는지 하지 말아야 하는지, 이런 문제로 고민이 된다고 해요. 그럴 때는 당연히 '○○ 엄마'라고 불러야 해요. '아, 얘가 걔구나. 잘생겼네. 얘는 어떤 아이였어요?' 이렇게 물어보고 얘기를 해야죠. 유가족 입장에서는 아이 이야기가 가장 하기 어려울 수 있지만, 또 세상에서 그만큼 하고 싶은 이야기가 없어요. 그런데 주변에서 사람들이 다 쉬쉬하고 피하면 누구하고도 그 이야기를 할 수가 없잖아요. 갑자기 단절된 관계를 정리하는 것은 기억을 통해서, 이야기를 통해서밖에 할 수가 없는데, 아무도 아이에 대해서 말을 걸어주지 않으면 평생 그 기억에서 벗어나지 못해요. 삶이 그 순간에 정지된 채로 더이상 진도가 나가지 않는 거죠. 마치 레코드판이 튀듯이 계속 제자리에서 튀는 거예요. 그러니까 유가족들이 그 관계를 완료할 수 있도록 이웃들이 도움을 주셔야 합니다.

진　흔히들 상처를 빨리 아물게 하려면 그쪽은 건드리지 않도록 조심해야 한다고 생각하죠. 마음도 비슷하다고 보니까 떠나간 아이 이야기는 안하는 게 최선책이라고 믿습니다. 그런데 오히려 아이 이야기가 아이와 잘 정리할 수 있는 시간을 열어주는군요. 흔히 이야기 치료라고 불리기도 하는 이런 치유 프로그램을 가지고 유가족들과 만나는 작업도 하시죠?

정 제가 '이웃'에서 시작한 치유적인 방법 중 하나가 이것과 깊이 관련이 있어요. 희생학생의 친구들이 있잖아요. 생존학생뿐 아니라 중학교 친구도 있고 동네 친구도 있고, 교회 친구, 학원 친구도 있고요. 그 친구들이 자기 안에 있는 희생학생에 대한 기억과 경험, 추억, 느낌을 구구절절 편지로 써서 친구의 부모님에게 보내는 거예요. 이 편지를 전달하는 사람을 저희는 '노란 우체부'라고 하는데, 그 우체부가 부모님의 반응을 듣고 다시 친구들에게 전달하는 것까지가 프로그램의 전체 과정이에요. 이건 그 아이들의 치유 프로그램이기도 하고, 희생학생의 부모님을 치유하는 시간이기도 하죠.

처음 아이들에게 편지를 써보자고 하면 모두 겁을 먹어요. '혹시 이런 얘기를 써도 될까요? 부모님이 더 힘드시지 않을까요?' 하고요. 그런데 부모님에게 상처가 되는 건 다른 거예요. 예를 들어서 아이들이 부모님을 위로하려고 찾아가서 친구 이야기를 꺼내기 어려워하면 부모님은 찾아온 아이들이 고마워서 '그래, 너희가 ○○ 몫까지 잘 살아야 한다. 너희들은 어떻게 지내니?' 물어요. 그러면 아이들은 자기들 이야기만 한참 하다가 가게 되죠. 그럴 때 부모님이 크게 상처를 받아요. '내 아이만 저기에 없구나, 저 아이들은 저렇게 잘 살고 대학을 가고 취직을 할 텐데, 내 아이는 평생 교복 입은 모습에 갇혀 있겠구나' 하는 마음이 뚜렷해지는 거죠. 그런데 아이들이 '교회 수련회에 같이 갔을 때 ○○가 이런 말을 해서 엄청 웃겼어요. 얌전한 줄 알았는데 그때부터 ○○ 별명은 이거예요' 하는 얘기를 하면 부모는 친구들 마음속에 여전히 살아 있는 내 아이를 느껴요. 그러면 그 친구가 살아 있는 게 고마운 거예요.

그래서 편지를 쓸 때는 친구와 있었던 기억들, 경험들, 그때의 느낌들, 그때 했던 말들을 아주 구체적으로 적게 해요. 그러면 부모님이 편지를 읽고 굉장히 위로를 받아요. 어떤 경우는 편지를 보낸 아이가 내 아이의 친구였는지 미처 몰랐던 부모님도 있거든요. 그러면 그 아이가 누군지 알려달라고 부탁해서 서로 만나기도 해요. 그렇게 두 가족이 친해져서 같이 여행을 가기도 하고요. 내 아이가 그 안에 살아 있기 때문에, 그 친구가 너무 소중하고 가깝게 느껴지는 거죠. 마치 장기이식할 때의 심리적 메커니즘과 비슷해요. 아이가 갑자기 죽어서 장기이식 여부를 결정해야 하는 부모들이 있잖아요. 처음 그 권유를 받으면 부모들은 자식을 두번 죽이는 것 같아서 허락하기 어려워해요. 그러다 어렵게 장기이식을 결정한 부모들이 나중에는 거의 모두가 그렇게 하길 잘했다고 하거든요. 내 아이의 각막이 지금 누군가의 몸을 통해서 여전히 세상을 보고 있고, 내 아이의 간이 지금 누군가의 몸속에서 살아 숨 쉬니까, 아이가 내 옆에 없지만 여전히 세상에 살아 있다는 느낌을 받는 거죠.

한편으로 부모님의 반응을 아이들에게 알려주는 것도 치유에 아주 중요한 요소예요. 아이들이 편지를 쓸 때 친구를 생각하면서 자신들도 편안해지는 경험을 하지만, 그러면서도 자기가 혹시 뭘 잘못 써서 친구 부모님이 상처받지 않을까 무척 불안해하거든요. 많이 걱정하는 아이들은 같이 도와주는 선생님들이 점검하면서 안심시켜주기도 하는데도 그래요. 그러다 부모님의 반응을 알려주면 아이들이 무척 편안해합니다. 그동안 친구에게 너무 미안했는데 자기가 그 친구를 위해서 뭔가 한 것 같은 마음이 들고, 나 때문에 친구 부모님이 좋아하셨다고 하니 미안함이 덜어지는 것 같은 거죠.

이런 기록은 다른 면에서도 부모에게 위로가 돼요. 대개 사춘기 아이들이 부모와 대화를 많이 하지 않잖아요. 그래서 아이가 어떻게 살았는지 다 알지 못하니까, 부모로서는 아이의 삶이 너무나 허무하게만 느껴지죠. 제대로 세상을 살아보지도 못하고, 꽃이 피지도 못하고 져버렸다고 생각하고요. 그런데 아이와 친구들 사이에서 있었던 일들을 자세히 알게 되면 '내가 몰랐지만 내 아이가 이렇게 생생하게 살아낸 순간들이 있었구나. 이런 관계가 있었고, 이렇게 적극적인 삶을 살았구나' 하고 실감하게 되는 거죠. 그게 위로가 돼요. 그래서 아이들에게 그런 점

· · · · · · · ·

슬퍼야 할 때 슬프지 않으려 하면
반드시 무너지게 되어 있어요.
마음껏 슬퍼해야 합니다.
그래야 더 빨리 일상으로 돌아올 수 있어요.

을 강조합니다. 사실 처음에 아이들에게 편지를 쓰게 하면 흔히 '힘내시고 용기 잃지 마세요' 같은 말만 쓰거든요. 그러면 그런 얘기 말고 친구와 있었던 일, 그때의 느낌을 아주 구체적으로 쓰라고 해요. 그게 왜 친구 부모님에게 위로가 되는지도 설명해주고요. 그래야 안심하고 이야기를 펼치니까요. 이런 것이 치유의 메커니즘 속에서 진행되는 편지 쓰기 활동입니다.

진 실제로 희생학생들과 가장 가까운 친구이거나 그들에 대한 마지막 기억을 가지고 있는 친구들은 같은 반이나 옆 반의 생존학생들일 텐데요, 희생학생의 부모들이 생존학생들을 만나고 그 아이들을 통해 자기 아이의 이야기를 전해듣는 건 참 고통스럽고 쉽지 않은 일일 듯도 해요. 유가족과 생존학생들이 만났을 때 특별한 어려움은 없는지 궁금합니다.

정 단원고에서 생존자가 가장 많은 2학년 1반 담임이 유니나 선생님이었어요. 아이들에게 무척 인기가 많은 선생님이었는데, 끝까지 아이들을 구하고 다시 아래로 내려갔다가 아주 늦게 발견되었죠. 그래서 그 반 아이들이 특히 죄의식이 많았어요. 그 선생님 장례식 때 생존학생 아이들이 같이 갔는데, 그 선생님의 어머님이 아이들을 다 안아줬어요. '너희들도 너무 힘들 텐데 와줘서 고맙다'라며 차분하게 아이들을 보듬어주시고,

아이들 식사를 챙겨주시고요. 그러고는 나중에 아이들 사이로 오셔서 아이들을 가만히 보시더니, 유니나 선생님이 어떤 선생님이었는지 물어보시더라고요. 그 얘기가 듣고 싶으셨던 거죠. 마지막 순간에 교사인 내 딸이 어땠는지, 얼마나 의젓하고 좋은 모습이었는지.

또 '이웃'에서 희생학생 생일 치유모임을 하는데, 한번은 엄마 한분이 그런 얘기를 하셨어요. 생존학생들을 만나는 것이 너무 두려워서 생일 모임을 할 수 있을지 무척 갈등했었는데, 막상 생일 모임 당일에 아이들이 많이 찾아와서 내 아이에 대한 기억, 내 아이에 대한 느낌을 마음껏 얘기해주는 걸 들으니 마음이 편안해지더라는 거예요. 그래서 이제는 그 아이들을 내 아이의 친구로 인정할 수 있을 것 같다고, 예전에는 그 아이들이 자신에게는 그저 생존학생일 뿐이었는데, 만나서 이야기를 듣고 나니 내 아이의 친구구나 하는 느낌이 든다는 거예요. 그렇게 생존학생들이 생일 모임에 열심히 와요. 친구들이 겹치니까 자주 찾아오게 되기도 하고요.

그런 점에서 유가족들이 아이들의 휴대폰을 복원해서 찾은 사진들을 서로 공유하는 일도 치유에 도움이 되는 좋은 방법입니다. 내 아이의 휴대폰에는 없던 사진인데 친구의 휴대폰에 찍힌 사진 중에 내 아이가 있을 수 있잖아요. 부모들이 서로 그걸 찾아주고 아이에 대해 이야기를 나누면서 서로에게 좋은 치유가 될 수 있어요. '우리 아이가 애랑 친한 줄 몰랐는데 사진을 보니까 무척 친했구나. 내가 아이에 대해 잘 몰랐던 걸 이 엄마가 알고 있는 게 있구나' 하는 것들을 공유하면서 서로 아이에 대해 이야기할 수 있는 거죠. 참 좋은 자생적인 치유법이에요.

그렇게 슬픔에 몰입하다보면 우울증에 빠지지 않겠느냐고 걱정하는 시선도 있는데, 그렇지 않습니다. 외상후 스트레스 장애는 병이 아니라 어느날 갑자기 교통사고를 당한 것과 마찬가지 상황인 거예요. 트라우마 사건에서는 더 마음껏 애도하고 그 사건과 그 감정에 더 깊이 몰입할 수 있어야 더 빨리 빠져나올 힘을 가질 수 있어요.

진 선생님께서 교통사고에 비유하시니 말씀인데요, 교통사고가 나서 부모가 입원하면 가정생활 전체가 흔들리죠. 당장 경제활동이 불가능해지면서 생활이 곤란해지는 건 물론이고, 여전히 부모의 손길이 필요한 다른 자녀들을 제대로 챙기는 일이 가장 어려운 일 중의 하나일 텐데요, 유가족분들도 비슷한 어려움을 겪으실 것 같습니다. 선생님께서는 유가족들의 청운동 농성장을 방문하셨을 때 남은 자녀들을 돌보는 법에 대해서도 강연하셨지요?

정 네, 유가족들이 그런 부분에서 도움을 많이 필요로 합니다. 부모가 너무나 슬퍼서 식음을 전폐하고 있을 때, 남은 아이는 이렇게 생각할 수 있어요. '내가 죽었어도 엄마 아빠가 저렇게 슬퍼할까?' 그런 상황에서 어떻게 그런 생각을 할까 싶겠지만, 그렇게 생각하는 것이 이상한 일이 아니에요. 아이들은 우리가 생각하지 못하는 방식으로 이 상황에 대해서 자기 나름 대로 상상하고 여러갈래로 생각을 진행시키면서 상처를 받기도 하거든요. 그런 생각들을 잘 끄집어내서 부모님이나 주변의 어른들과 대화를 나누거나 상담을 통해 그 문제를 다룰 수 있는 기회를 만들어야 해요. 형제자매를 잃은 아이는 그 슬픔과 그리움을 부모가 함께 이야기하고 함께 울어야 합니다. 부모가 같이 울지 않으면 아이가 부모님을 생각하느라고 울지 못해요.

왕따 때문에 자살하는 아이들이 있잖아요. '그렇게까지 힘들었는데 왜 부모에게 얘기하지 않았을까' 하고 부모들이 가슴을 치죠. 평상시에 대화가 없었거나 사이가 나빴기 때문만이 아니에요. 의외로 그때 아이들은 공통적으로, 나 때문에 부모님이 더 가슴 아플까봐 걱정합니다. 그래서 얘기를 하지 않는 거예요. 그러니까 아이가 충분히 이야기할 수 있게 하려면 부모가 먼저 이야기를 꺼내야 합니다. '엄마 아빠도 많이 슬픈데 너도 그렇지? 너도 누나가 많이 보고 싶지?' 물으면서 스스로 얘기하게 해줘야 해요. 아이에게 이런 얘기를 해도 될까, 아이를 그냥 놔두어야 할까, 하고 부모님이 불안해하면 아이들은 금방 압니다.

그래서 이렇게 의젓하게 말하죠. '아니에요, 괜찮아요. 할 말 없어요. 공부하고 올게요.' 하지만 부모님이 이렇게 물으면 달라져요. '우리도 이런데 너도 마음이 그렇겠다. 누나 보고 싶지? 누나가 꿈에 나타나진 않니? 엄마 꿈에는 안 나타나는데, 네 꿈에는 나타나니?' 이렇게 아이가 충분히 얘기할 수 있도록 자극하고 도와줘야 해요.

진　유가족들이나 생존자들 중에 환청이나 환각에 시달리는 분들도 많으시겠지요?

정　언니를 잃은 한 중학생 아이가 있는데, 어느날 학교에서 갑자기 선생님 등에 숨었대요. 언니가 자꾸 보인다면서요. 그래서 부모님이 너무 놀라고 아이에게 정신적으로 문제가 생긴 게 아닐까 걱정하시길래, 제가 그런 이야기를 했어요. 저도 진도에 있을 때 종일 신원확인소에서 희생된 아이들을 지켜보았더니 한동안 그 아이들이 저에게 말을 거는 것 같았거든요. 낯모르는 사람도 그런데 동생은 오죽하겠어요. 그러니 아이가 그럴 때는 부모가 먼저 물어보아야 한다고 말씀드렸어요. '언니가 너한테 왜 온 것 같니? 언니 표정이 어땠니? 언니가 얼굴이 좋아보이니 어떠니? 넌 언니한테 무슨 말 해주고 싶었니?' 하고 말이죠.

아이가 자기 언니가 찾아왔다고 느끼는 것은 하고 싶은 심리적 작업이 있기 때문입니다. 그러니까 그 경험, 그 존재, 그 것과 대면하는 시간, 그 순간을 막으면 안돼요. 당연히 보일 수 있고 들릴 수 있고 꿈에 계속 나타날 수 있죠. 그건 너무나 정상이에요. 나타나줬으면 하는데 안 나타나서 가슴앓이하는 부모들이 더 많아요. 눈에 보이는 건 얼마든지 좋아요. 언니가 어떤 표정인지 물어보고, 다시 만나면 언니에게 무슨 얘기를 하고 싶은지 같이 충분히 얘기해야죠. 그래야 아이가 그런 상황이 왔을 때 언니를 무서워하거나 자기에게 문제가 있다고 생각하지 않고 언니와 해야 하는 작업들을 온전하게 해나갈 수 있어요.

진 정지용 시인의 시 중에 이런 시가 있습니다. "얼굴 하나야/손바닥 둘로/폭 가리지만//보고픈 마음/호수만 하니/눈 감을밖에"(「호수」). 언니에 대한 큰 그리움이 도무지 가려지지 않으니까 아이에게 언니가 보이는 것이겠지요. 아이도 이성적으로는 언니가 더이상 만날 수 없는 존재라는 걸 알고 있습니다. 그런데도 우리 마음에 이런 현상이 일어나는 이유는 뭘까요? 시인들은 보고픈 마음, 그리움 때문에 그렇다고 시에 씁니다. 정신의학을 공부한 선생님께서는 이런 현상을 어떻게 설명하세요?

정 사고로 다리를 절단하거나 팔을 절단하는 사람이 있잖아요. 마취에서 깨어나면 절단해서 없어진 손가락 끝이 무지하게 아파요. 손가락이 없는데도 수개월 또는 수년 동안 통증을 느낍니다. 물리적으로는 하루아침에 절단되어버렸지만 심리적으로는 여전히, 몇년이 지나도 몸에 붙어 있는 거죠. 마음도 마찬가지입니다. 물리적으로 종료되었다고 당장 딱 끊어지는 게 아니에요. 그럴 수 있다면 사람이 아니라 기계죠. 언니가 없는데도 언니가 보이거나 언니의 목소리가 들리는 것도 없어진 손가락 끝이 아픈 것과 똑같습니다.

그런 점에서 단원고 2학년 교실이 그대로 보존되고 있는 것은 매우 다행스러운 일입니다. 생존학생이나 3학년 학생들이 가끔 그 교실에 들어가곤 해요. 친구나 친한 후배 자리에 앉아서 울다가 편지를 쓰기도 하고요. 거듭 말씀드리지만, 충분히 기억하고 그리워하고 충분히 애도가 되면 사람은 자연적으로 편안하게 일상으로 돌아와요. 내 일상은 훼손되지 않지만 그 기억과 그 그리움은 마음 깊이 간직하고 있는 것, 이게 가장 건강한 모습이죠. 빨리 잊어야지, 잊어야지, 내가 그러면 안되지, 빨리 털어버려야지, 정신 차려야지, 하면 문제가 더 생겨요. 희생학생의 형제자매 중에서 그런 아이들을 몇명 접했어요. 공부한다고 밤열두시, 한시에 들어온대요. 괴로우니까 공부에 빠져드는 거죠. 우리 사회는 어떤 어려움이 있을 때 공부로 극복한다고 하면 무조건 칭찬합니다. 얘가 마음을 다잡았나보다, 얘가 이제 일상으로 돌아왔구나 하고요. 그런데 그건 건강한 신호가 아닐 수 있어요. 힘든 감정을 회피하기 위해서 공부에 몰입하는 것과 게임에 빠져드는 것이 지금 상황에선 본질적으로 같을 수 있어요. 아빠들 중에서도 일에 열중하는 분들이 있죠. 괴로움을 잊기 위해서 그 괴로움의 크기만큼 무언가에 강하게 몰입하는 건데, 그게 그렇게 쉽게 되지 않는 게 사람이지요.

그러니 유가족이나 생존학생에게 의도적으로 현실로 돌아와야 한다고 주문하지 않았으면 좋겠어요. 그럴 필요 없습니다. 충분한 애도과정이 이루어지면 자연스럽게 일상으로 돌아와요. 일상으로 못 돌아오게 막아도 돌아옵니다. 트라우마 피해 당사자들도 그걸 간절히 원하고 있으니까요. 사람에게는 본래 가지고 있는 건강성, 균형성이 있어요.

다양한 피해자들에 대한 섬세한 이해와 배려

진__ 희생학생들의 부모님들이 겪는 어려움이 단순하지는 않을 겁니다. 생업활동이 중지되어서 겪는 어려움, 남은 자녀들을 돌보면서 가정을 꾸려나가야 하는 힘겨움 등에 대해서는 우리가 어렴풋하게나마 예상할 수 있고, 그에 대한 물리적이거나 심리적인 지원이 필요하다는 점에는 다들 공감할 것 같습니다. '이웃'을 꾸려가고 유가족들을 만나면서 지원의 과정에 특별히 다른 어려움은 없으셨는지요?

정 피해자 그룹에서 특정 집단에 집중적으로 감정이입을 하다보면 다른 집단에는 본의 아니게 상처를 줄 수 있어요. 그런 점을 세심하게 배려하면서 활동하고 있습니다. 섬세하게 움직이려면 피해자 그룹에도 여러 층위가 있고 그 관계가 복잡하다는 것을 알고 있어야 해요. 일반인 희생자 유가족이 있고 실종학생 가족이 있고 희생학생 유가족이 있어요. 그리고 생존학생과 그들의 부모도 있고 단원고 교사들도 있어요. 안산 지역에서 초등학생과 중학생을 가르치던 주변의 교사들이 있고요. 단원고는 아니지만 중학교 때 친구들이 많이 희생된 학생들이 있고, 단원고에도 세월호에 탑승했던 2학년뿐 아니라 1학년, 3학년 학생도 있어요. 또 그 1학년과 3학년의 학부모들이 있고요. 그러니까 피해자군의 스펙트럼이 굉장히 넓어요.

그런데 학교에서 학부모회를 하거나 하면 아무래도 2학년 학부모가 중심이 되죠. 그 아이들이 가장 큰 피해를 입었고 상태가 중하니까요. 학교의 모든 정책이나 상담실 운영 등은 2학년 아이들을 최우선으로 고려하는 것이 맞아요. 그런데 3학년 학부모 입장에서 생각해보면 어떨까요. 내 아이는 대입을 앞두고 있는 고3인데, 친하게 지냈던 동아리 후배들이 다 죽었단 말이에요. 그래서 받은 충격이 너무 크고, 아이들 장례를 치르면서 몇달 동안 학교에서 노제를 지내는 걸 보아왔어요. 어른이어도 감당할 수 없는 상황인 거죠. 그런 상황에서 2학년 아이들에 대해서만 계속 이야기하고 2학년 학부모만 계속 발언하면 3학년 학부모는 반감이 생기는 거예요. 2학년 학부모와 생존학생에게요. 내 아이의 상처도 절대적으로 감당할 수 없는 상황인데 그걸 배려해달라고 말할 수가 없으니까요. 그런 점들을 고려하지 않으면 피해자 사이에 다시 상대적인 가해자와 피해자가 생기게 돼요. 그리고 이런 문제가 조화롭게 처리되지 않으면 생존학생 부모와 생존학생들에 대한 반감이 커질 수 있어요. 3학년 부모들도 직접적인 피해자니까요. 이런 비슷한 갈등의 고리가 여러 층위로 있어요. 그래서 학교에서 얘기를 할 때는 생존학생 부모뿐 아니라 3학년, 1학년 부모들도 있다는 걸 항상 염두에 두고 있어야 해요. 3학년 부모의 어려움을 충분히 이해하고 공감하고, 그분들이 더 힘든 2학년 아이들을 위해서 얼마나 희생하는지, 얼마나 견디고 있는지 언급하면서 고마움을 표시해야 하는 거예요.

세월호 탑승자 가족들 안에서도 비슷한 갈등이 생겨나요. 일단 안산에서만 보더라도 실종자, 유가족, 생존자 가족이 가족대책위원회를 같이 하잖아요. 유가족은 실종자 가족을, 생존학생 가족은 실종자와 유가족을 먼저 배려해야 한다는 생각이 강합니다. 피해 정도에 따른 계층이 나눠져 있고, 이 계층 사이의 자발적인 감정노동이 엄청납니다. 예를 들어 생존자 가족 중에는 전체 회의에 갔다 오면 많이 힘들어하는 분도 있어요. 유가족 입장을 생각하면 자기 의견이나 감정, 생각 등 많은 걸 눌러야 하기 때문이지요.

생존학생 부모도 천형과 같이 짊어져야 하는 짐이 있어요. 생존자 아이가 보이는 트라우마 때문에 씨름하는 부모는요, 자신이 어려운 건 아무도 모른다고 느낍니다. 모두들 아이가 살았으니 다행이라고만 한다면서요. 생존자 아이들도 시간이 지나면서 점점 약을 처방받는 경우가 늘어나고, 당시의 얘기들을 초기보다 더 적극적으로 하기 시작합니다. 그러니까 부모들이 감당하기가 어려운 거예요. 부모들도 맨날 우시고요. 처음에는 살아 돌아온 아이가 여러 문제를 일으키니까 아이 관리를 하느라 경황이 없어서 이야기를 못했는데, 시간이 지나면서 차츰 본인들이 받은 트라우마를 이야기하기 시작해요. 사고 현장에서 아이를 찾기 직전까지의 그 시간이 있잖아요. 아이들에게 사고가 났다는 연락을 받고 진도까지 내려가다가 도중에 다 구조됐다는 게 오보라는 사실이 알려져서 그때부터 부모들이 막 울부짖기 시작하는데, 완전히 혼돈인 상황이었거든요. 내 아이가 죽었을지도 모른다고 생각하던 그 순간의 자기의 감정, 그때 자기가 상상했던 것, 만약에 아이를 못 찾으면 나는 어떻게 하나, 하는 극도의 불안감을 슬로우비디오같이 순간순간 떠올리게 되는 거죠. 그런 증상들을 공통적으로 겪어요.

진 생존학생 부모님들까지 PTSD를 겪으실 수 있다는 점은 사람들이 미처 생각하지 못하는 부분인 것 같아요. 그 부모님들도 정말 극단적인 불안과 공포의 상황을 함께 겪으신 분들이지요. 가까이서 그 참상과 수습과정을 지켜본 세월호 사고 취재기자들도 그뒤로 PTSD 증세를 보인다고 하니, 직접 사건에 연관된 부모님들은 당연히 트라우마가 있겠지요. 그럼에도 당사자들은 스스로가 시급하게 치유받아야 할 대상은 아니라고 생각하기 쉽고 또 다른 사람들도 비슷하게 생각할 것 같습니다.

정 그런 트라우마가 치유되어야 하는 중요한 이유가 있어요. 부모님들이 그 트라우마 때문에 불안이 전체적으로 높아져 있거든요. 그러니까 아이들을 과하게 통제하게 됩니다. 그래서 아이들이 심리적으로 퇴행하거나 아니면 거세게 반발하거나 양극단으로 가기 쉬워요. 비합리적인 수준까지 아이를 통제하는 기저에는 부모들의 트라우마가 있습니다. 부모 자신의 불안을 통제할 수가 없어서 그렇게 되는 거지요. 그래서 아이들은 아이들대로 상담을 해야 하지만 부모의 치료도 중요한 거예요. 그런데 이런 이야기를 유가족 앞에서는 정말 하기 힘들어요. 유가족 입장에서는 어떤 고문을 당한다 해도 아이만 살아 있다면 백번이고 천번이고 받아들이겠다는 마음일 수밖에 없으니까요. 우리는 지금도 이렇게 싸우고 있는데, 당신들은 자식이 살아 돌아왔는데 그런 게 뭐가 걱정이냐, 이런 섭섭한 마음이 들게 되는 거죠. 그런데 모든 고통은 개별적이고 주관적인 것이고, 내 손톱 밑에 가시 박힌 것과 옆 사람 살이 타들어가는 것이 다르지 않습니다. 그런 게 사람이에요. 각자가 자신에게 너무나 무거운 고통을 가지고 있다는 것을, 쉽지 않지만 서로 이해하고 받아들이는 과정이 필요해요.

그리고 다시 한번 말씀드리고 싶은 것은, 생존학생을 비롯해 세월호 피해자들이 다시 2차, 3차 트라우마를 겪는 일이 없어야 한다는 거예요. 아이들이 추모의 여러 과정에 자연스럽게 참여하면서 치유를 경험해야 하는데, 그러기 힘든 장벽들이 너무 많아요. 예를 들면 아이들이 초기에 악성 댓글에 너무 큰 상처를 받았어요. 아이들이 1박 2일 도보행진을 했을 때도, 그전에 몇날 며칠을 토론했어요. 유가족 부모들이 국회에 가서 노숙하고 농성하는 걸 보면서 아이들도 무언가 하고 싶어했거든요. 별이 된 친구들과 그 부모님들께 우리가 해줄 게 아무것도 없으니까 이거라도 하자, 해서 도보행진에 참여하려고 하는데, 한편으로는 그간의 악성 댓글들 때문에 너무 부담이 되고 염려가 되는 거예요. 그때만 해도 인터넷 검색창에 '단원고'라고 치면 '특례

입학'이 연관검색어로 바로 나왔어요. 자기들의 특례입학 때문에 특별법을 제정하라고 하는 거다, 이렇게 매도당하니까 아이들의 건강한 반응들이 자연스럽게 나오기가 힘들어진 거죠.

다른 한편으로는 아이들이 악성 댓글에 상처받는 것을 보면서 생존학생 부모들이 보수화되는 면도 있어요. 뭔가 하려고 할 때마다 사달이 나고 생각했던 것보다 열배 스무배 넘는 상처를 받으니까, 부모 입장에서는 아무것도 안하는 게 상책이라고 방어적인 판단을 하게 되는 거예요. 그래서 아이들을 보호하려는 마음으로 도보행진에 참여하려는 아이들을 말리고, 그러면서 아이들과 부모들이 충돌하기도 하고. 그래서 처음에는 70명이 가겠다고 했던 것이 여러가지 논의를 거치면서 반절 정도가 간 거예요.

그런 불안이나 두려움도 이해받고 존중받아야 하는 감정이에요. 부모나 아이들을 비난할 수 없는 거죠. 사회적 치유의 차원에서는 아이를 보내는 것이 더 바르고 좋은 선택이지만, 아이의 내면 상태와 부모의 불안과 두려움을 고려하면 평상시처럼 합리적인 사고체계가 작동하지 못한다는 것을 이해해야 합니다. 그러니까 세월호 피해자에 대한 '일베'류의 악성 댓글뿐 아니라 생존학생 부모들의 소극적이거나 방어적인 태도에 대해서 너무 쉽게 이기적이고 보수적이라고 비난하는 것도 지양하셨으면 해요.

이곳에 살기 위하여

뽈 엘뤼아르

하늘이 나를 버려 불을 피웠네,

친구가 되기 위한 불,

겨울밤을 지내기 위한 불,

보다 더 나은 삶을 위한 불을.

빛이 나에게 베풀어준 모든 것을 나는 그 불에 바쳤네.

큰 숲과, 작은 숲, 보리밭과 포도밭,

새집과 새들, 집과 열쇠,

벌레, 꽃, 모피, 향연들을,

나는 불꽃이 파닥거리며 튀는 소리만으로

그 불꽃이 타오르는 열기의 냄새만으로 살았네:

나는 흐르지 않는 물속에 침몰하는 선박과 같았으니까

나는 죽은 사람처럼 물밖에는 없었으니까

2

아픈 만큼
파괴되는 것이
트라우마

트라우마는 '뚫다'라는 뜻의 그리스어 'τιτρώσκω'에서 파생된 말이다. 전쟁터에서 방패를 뚫을 만큼 강력한 외부 자극이 만들어낸 마음의 상처라는 뜻이다. 그렇듯 트라우마는 사람을 죽음에 이르게 할 만큼 슬프고 고통스러운 것이다. 이 상처를 아물게 하려면 어떤 놀라운 신비의 알약이 필요할까? 이런 구절을 읽은 적이 있다. "모든 슬픔은 당신이 그것을 이야기로 만들거나 그것들에 관해 이야기할 수 있다면, 견뎌질 수 있다." 덴마크 소설가이자크 디네센Isak Dinesen이 한 말이라고 한다. 유대인으로서 동족이 학살당하는 역사적 트라우마를 겪었던 철학자 한나 아렌트Hannah Arendt가 자신의 책에 인용하면서 유명해진 말이다.

캐시 캐루스Cathy Caruth와 같은 트라우마 전문가도 트라우마란 소화되지 못한 기억의 파편들로서 이것이 사건을 겪은 이의 정신 속에 흡수되고 언어화되어야만 치유가 가능해진다고 말한다. 물론 이야기는 슬픔을 가져온 과거의 사건을 완전히 없던 일로 만들 수는 없다. 그러나 이야기는 그 슬픔을 견딜 만한 것으로 만들 수 있다. 그런데 알약을 삼키기 위해서는 물이 필요하듯 아무리 놀라운 이야기도 그 이야기를 제대로 들을 귀가 없다면 약효를 발휘할 수 없다. 우리가 트라우마에 대해 잘 알아야만 하는 이유가 있다. 트라우마에 대한 무지는 우리의 제대로 들을 수 있는 능력을 방해하기 때문이다.

아픈 만큼
성숙해진다?

진__ 세월호 참사를 겪으면서 우리 사회가 '트라우마'나
'PTSD' 같은 용어들에 익숙해진 것 같습니다. 한 사람이 심각한
죽음이나 상해의 위험을 직접 겪거나 그런 위험에 직면하는 것,
또는 다른 이가 그런 위험을 겪는 사건을 목격함으로써 강렬한
두려움과 무력함, 공포를 경험하는 것. 이것이 외상, 즉 트라우
마에 대한 사전적 정의인데요, 선생님께서 조금 더 이해하기 쉽
게 말씀해주시면 좋겠습니다. 외상후 스트레스 장애라는 명칭
때문에 사람들이 이것이 스트레스의 일종이라고 생각하고 크고
작은 스트레스가 생길 때마다 '아, 트라우마!' 하고 외치기도 하
죠. 스트레스와 트라우마는 어떻게 다를까요?

정__ 외상후 스트레스 장애, 즉 PTSD는 의학적인 병명
이에요. 트라우마를 겪은 사람을 PTSD로 진단하는 거죠. 흔히
'아픈 만큼 성숙해진다'고 하잖아요. 그럴 때 말하는 아픔은 스
트레스예요. 하지만 트라우마는 스트레스와 달리 아픈 만큼 파
괴되는 것이에요.

예를 들어 전학을 가거나 이혼을 하거나, 성격이 고약한

상사를 만나거나 사업에 실패하거나 해서 힘들어할 때, 지금 아프고 고통스러운 만큼 성숙해지는 거라고 주변에서 위로하거나 스스로 그렇게 다짐하곤 하잖아요. 고통을 겪고 그걸 이겨내는 과정에서 사람이 더 성숙해지니까, 아픈 만큼 성장하는 거죠. 그러니까 겪어볼 만한 아픔이라고 할 수도 있는 정도의 스트레스인 거죠. 그런데 트라우마 때문에 생기는 외상후 스트레스 장애는 그런 스트레스와는 다릅니다. 가족을 잃은 세월호 유가족들이 스트레스를 겪는다고 하지는 않잖아요. 아픈 만큼 성숙해지니까 성폭행이나 고문 같은 것도 당해보면 더 좋은 거 아니냐, 그러지 못하잖아요. 트라우마란 아픈 만큼 파괴되는 거예요. 물론 트라우마를 겪은 사람 중 극소수는 트라우마 이후에도 성숙한 삶을 살아갑니다. 그럼에도 이들 내면의 절대적이고 압도적인 상실은 여전히 고통스러운 내상으로 남아요. 자기 존재보다 더 큰 상처를 홀로 떠안고 살아가야 하는 거죠. 트라우마란, 견디며 살아갈 상처이지 극복이 되는 상처가 아닙니다.

트라우마와 스트레스의 또다른 차이는, 스트레스는 부분적인 문제라는 거예요. 예를 들어서 고부간의 갈등 때문에 우울증을 앓고 죽을 만큼 고통스러워하는 사람도 직장에 가면 숨을 좀 돌릴 수도 있고, 대인관계도 잘하고 인정을 받을 수도 있어요. 또는 부부관계나 직장생활에 갈등이 있어서 위축되거나 공황장애를 겪더라도 교회에 나가면 비교적 밝게 잘 지낸다든지

친목회에 나가면 숨통이 좀 트인다든지 할 수 있어요. 스트레스는 삶 전체가 붕괴된 게 아니라 삶의 한 부분에 문제가 생긴 것이기 때문이에요. 어떤 관계에서는 무척 어려움을 겪지만 건강하게 남아 있는 삶의 다른 영역이 있을 수 있는 거죠. 그런데 트라우마는 삶의 전반적인 판이 다 깨어지는 거예요. 아이를 잃은 엄마가 일을 할 때면 아이를 잃은 고통이 좀 엷어진다든가 하는 일은 있을 수 없잖아요. 직장생활도 안되고, 동네 사람들과의 관계도 안되고, 가족과의 관계도 안되고, 모든 게 다 깨어지는 거예요. 그래서 이런 걸 우리가 재난이라고 하고 재앙이라고 하죠. 그것이 바로 트라우마입니다.

개인적인 트라우마도 있고 사회적인 트라우마도 있지만 삶이 전반적으로 깨어지는 것이라는 맥락에서는 같아요. 스트레스는 개인적인 적응력 등에 따라서 예후가 다를 수는 있지만 평균적으로 인간이 통제할 수 있는 범위 내에 있는 것이에요. 그런데 트라우마라는 것은 통제 가능한 영역 바깥에 있는, 인간의 의지나 한계를 벗어나는 것입니다. 세월호 참사나 쓰나미나 지진 같은 천재지변으로 목숨의 위협을 겪은 사람들, 고문을 당한 사람들, 성폭행 피해자들, 전쟁에 파병되어 서로 죽고 죽이는 상황에서 겨우 살아남은 사람들, 교통사고로 가족들이 다 죽고 혼자 살아남은 사람들의 경우가 그렇죠. 대구지하철 참사도 그렇고, 지금 단원고 생존학생들도 그렇고요. 그런 일을 겪은 사람들에게 일어나는 심리적인 문제를 우리가 정신의학적으로 외상후 스트레스 장애라고 합니다. 말씀하신 것처럼 이제는 거의 일반용어가 되어버렸죠. 우리 사회에 재난, 재앙이 늘어난 거예요. 그래서 외상후 스트레스 장애가 너무 많아졌어요.

진 로버트 그레이브스라는 영국 시인이 있습니다. 무척 신비롭고 아름다운 시를 쓰는 시인인데, 1차 세계대전에 참전했다 돌아온 뒤로 일생 동안 트라우마 때문에 고통을 받았어요. 전쟁이 끝난 뒤에도 늘 자신이 참호 속에 있는 것처럼 행동했다고 하고요. 자정이 되면 자신의 침대 위에서 폭탄이 터지고, 대낮에 거리에서 만나는 낯선 사람들의 얼굴에서 죽음을 당한 동료들의 얼굴이 떠오르고, 또 힘이 좀 나는 것 같은 날에는 자기가 가장 좋아하는 언덕을 찾아가는데 거기도 미래의 전쟁터로 바뀌었다…… 전쟁이 끝난 뒤 출판한 자서전『모든 것과의 이별』에서 이렇게 고통을 호소했다고 합니다. 1, 2차 세계대전을 겪은 참전군인들, 또 베트남 참전군인들을 다룬 소설이나 영화의 영향으로 많은 분들이 트라우마라고 하면 전쟁에 나갔다온 사람들이 겪는 극심한 후유증으로 이해하기도 합니다. 그런데 트라우마의 정의에 따르면 전쟁뿐 아니라 훨씬 많은 상황에서 발생할 수 있겠지요. 본인이 직접 그 일을 겪지는 않았더라도 아주 가까운 사람이 끔찍한 사건을 겪었을 때 자신에게 트라우마가 될 수 있겠고요. 트라우마에 대한 그런 일반적인 진단기준도 있고 주된 증상도 있겠지요?

정　그럼요. 예를 들어서 아이가 유괴되었다가 살아 돌아왔는데 그 사흘 동안 유괴범과 대치한 어머니, 아들이 붙잡혀가서 고문을 당하는 과정에서 같이 있었던 어머니, 또는 그런 고문피해자의 배우자들은 모두 PTSD에 해당하는 것으로 봐요. 지금 세월호 유가족들이 가장 고통스러워하는 것이 아이의 마지막 순간이거든요. 그게 떠오르면 거의 미치다시피 해요. 밤에 그 생각이 갑자기 떠올라 스스로 통제할 수가 없어서 제게 전화하는 엄마들도 있고요. 그건 거의 고문실에 끌려들어가는 것과 같은 고통이에요. 아이가 얼마나 무서웠을까, 원래 겁이 많은 애였는데, 하고 아이가 겪은 고통과 거의 똑같은, 상상할 수 없는 고통을 그 엄마들이 겪어요.

트라우마의 증상에 대해서 말씀드리려면 먼저 트라우마의 핵심을 이해해야 합니다. 트라우마의 핵심은 죽음 각인이에요. 고부간의 갈등 같은 스트레스와 달리 성폭행이나 쓰나미, 전쟁 같은 트라우마는 거의 죽음까지 갔다가 살아 돌아온 경험이기 때문에, 죽음이 생애 어느 순간보다 생생한 리얼리티로 각인되는 거예요. 한비야 선생님이 쓰나미 때문에 인도네시아에 급파되어서 수많은 시체들이 널브러진 광경을 처음 접하고는 '아,

나는 이제 이전의 삶으로 돌아가지 못하겠구나'라는 강력한 느낌을 받았다고 하잖아요. 그게 죽음 각인인 거죠. 우리는 평소에 죽음을 직접 경험하지 못하잖아요. 우리가 경험하는 건 모두 삶이니까요. 그러니 살면서 죽음을 생생하게 경험한다는 건 말할 수 없는 트라우마인 거죠. 그 대상이 사람이든 동물이든 마찬가지예요. 예전에 구제역 때문에 수많은 가축을 살처분하는 데 동원됐던 공무원과 수의사들이 심각한 트라우마를 겪은 것처럼요.

소설가 성석제의 「내 인생의 마지막 4.5초」라는 단편소설이 있죠. 교통사고를 당한 주인공이 자동차가 다리 아래로 추락해서 죽는, 그 마지막 4.5초 동안을 그린 소설이에요. 그 짧은 시간 동안 그 사람이 자신의 생애 전체를 되돌아보잖아요. 죽음 직전의 시간이란 그만큼 생애 어떤 순간보다 생생한 리얼리티를 지니는 거예요. 사람이 그런 경험을 하고 나서 살아나면 어떻게 되겠어요. 그 사람에게는 그 순간의 경험이 너무나 생생한 리얼리티가 되고, 다른 현실은 덜 생생하거나 비현실적인 것으로 밀려나게 돼요. 그 짧은 경험이 그 사람의 삶 전체를 지배하게 되는 거죠. 그렇게 죽음이 온몸, 온 세포에 스며드는 경험을 하는 것이 트라우마입니다.

세월호 생존학생들도 배에서 빠져나오는 그 짧은 시간, 또는 생사가 갈린 그 찰나의 경험이 이후에도 계속 반복돼요. 죽음을 코앞에 둔 생명은 본능적으로 온몸의 세포가 하나도 빠짐

없이, 백 퍼센트 각성상태가 되거든요. 그건 우리가 시험을 볼 때 긴장감을 느끼는 그런 정도의 각성상태와는 비교가 안되는 수준이에요. 그보다 더 생생한 순간은 이전에도 없고 이후에도 없어요. 그러니까 트라우마를 겪은 사람에게는 그것만이 현실이 되는 거예요. 그래서 그 순간이 계속 생생하게 떠오르죠. 공부를 하려고 책을 들여다봐도 그게 책에 나타나고, 영화를 봐도 그게 화면에 나타나고, 길을 가다가도 계속 생각이 나고, 잠을 자도 꿈에 나타나는 거예요. 그래서 그 상태로, 그 경험을 중심으로 시간이 멈춰버려요. 가족대책위원회 대변인인 예은이 아빠가 페이스북에 '오늘은 154번째 4월 16일입니다'라고 했죠. 그건 문학적인 수사가 아니에요. 그분들은 정말로 그래요. 단원고 아이들이 4월 18일에 돌아오기로 되어 있었잖아요. 어떤 희생학생 누나가, 빨리 4월 18일이 되면 좋겠는데 4월 16일에서 시간이 안 간다고 해요. 이게 트라우마의 핵심입니다. 그 순간 삶이 정지하는 거예요.

진 그러니까 트라우마를 겪는 사람은 고통의 러닝머신 위를 계속 뛰는 셈이네요. 멈출 수도 없고 내려올 수 없고요. 어떻게든 그 자리에서 멀어져보려고 하는데 아무리 달려도 제자리니까.

정　그렇죠. 어린 시절 성폭행을 당한 여성이 20여 년 후에 그 남자를 찾아가 살해한 사건이 있었어요. 20년이나 멀쩡하게 살고 있다가 왜 죽였느냐며 의아하게 여기는 사람들도 있었죠. 하지만 트라우마 피해자들의 시간과 우리의 시간은 다릅니다. 그 여성은 아홉 살 때 성폭행을 당했는데, 그 뒤로 생물학적으로는 나이를 먹었지만 심리적으로는 그 끔찍한 현장에서 모든 것이 멈춘 채 계속 그 언저리에서 살아온 거예요. 그러니까 그 사람은 20여 년 후가 아니라 어제 당하고 다음 날 이 남자를 죽인 거예요. 마음속에서 계속 그 생각만 하니까, 그 사람에게는 그게 어제 일인 거죠. 이런 것이 트라우마입니다. 일반적인 스트레스와는 완전히 다른 거예요.

　　그래서 많은 세월호 유가족이 친구도 친척도 만나지 않고 유가족끼리 있을 때만 편하다고 해요. 마치 물속에 잠겨 있는 것처럼요. 나머지는 다 비현실적이니까, 다른 사람들을 만나면 어떻게 해야 할지 모르겠다는 거예요. 눈물이 나도 눈치가 보이고 웃으면 안 될 것 같고, 무슨 얘기를 해야 하는지, 하나부터 열까지 다 의식이 되면서 이전까지 자연스러웠던 것이 갑자기 모두 부자연스럽게 느껴지는 거예요. 그건 마치 갑자기 숨을 쉬는 방법을 모르겠다는 것과 같은 거죠. 다들 그런 상태예요. 그래서 이분들이 모여서 이야기하는 걸 옆에서 들으면, 아이들이 잠깐 어디 여행 간 것처럼 현실감이 떨어지는 이야기를 나눕니다. 듣다보면 그게 그렇게 슬플 수가 없어요. 이런 게 바로 트라우마입니다.

줄어들지 않는 내면의 사투

진___ 선생님께서도 앞서 말씀하셨지만, 용감한 사람은 트라우마를 극복할 수 있다는 관념은 트라우마에 대한 가장 큰 오해 중 하나인 것 같습니다. 사실 로버트 그레이브스에 대해 들으면서 제가 그렇게 생각했었거든요. 이 시인의 청년기 사진을 보면 아주 잘생기고 섬세한 느낌을 주는 사람이에요. 그런 모습을 보면서 이렇게 생각했던 거죠. 이토록 예민해 보이는 사람이 전쟁터에 있었으니 그 참상을 어떻게 소화할 수 있었을까. 그러니까 다들 그 사람이 특별히 섬약한 시인이어서 트라우마를 겪는다고 생각하는 거죠. 그런데 우리가 가장 용감하다고 생각하는 사람들도 트라우마를 피해가기 힘든 것 같습니다. 한 군인의 소대가 적지에 침투해서 정찰활동을 벌이던 중에 동료가 그만 지뢰를 밟았는데, 그를 버리고 혼자 도망칠 수 있는 상황에서 이 군인이 침착하게 판단하고 행동해서 소대원을 모두 구하고 무사히 탈출했다고 해요. 그래서 영웅으로 대접받고 여러 좋은 일이 생겼는데, 정작 본인은 트라우마를 겪습니다. 꿈이나 현실에서 그 위험한 상황의 기억을 자꾸 반복하면서 악몽과 환각에 시달렸다고 해요.

일부 과학자들은 이런 현상이 소뇌의 기억 때문에 발생한다고 분석합니다. 사람들은 대뇌의 합리적인 판단에 따라 윤리적인 선택을 내리지만, 소뇌는 훨씬 본능적인 기관이기 때문에 위험 상황에서 자기 생명에 더 안전한 방식을 선택하라고 명령한다는 거예요. 그래서 위험 상황이 지나간 후에도 소뇌는 몸에 각인된 공포를 기억하고 그때마다 본능적으로 보다 안전한 선택을 할 것을 훈련시키려고 하기 때문에 악몽과 환각이 되풀이될 수밖에 없다는 거죠. 이런 설명을 들으면 섬약한 시인은 트라우마를 겪고 용감한 영웅은 겪지 않는다는 일반적인 통념, 그러니까 트라우마의 극복 여부를 개인적 허약함의 문제로 환원하는 것은 잘못임을 알 수 있습니다. 트라우마를 시쳇말로 신경줄이 약한 사람들이 빠지는 과잉감정이나 과잉행동으로 치부해서는 안된다는 것을 선생님도 거듭 강조해오셨고요. 이런 오해들 때문에 유가족을 쉽게 매도하는 일이 생기는 것 같아요. 시간이 많이 흘렀는데도 계속 고통을 호소하는 것은 유난스러운 행태이거나 더 많은 경제적인 보상을 요구하기 위한 일종의 포석이라는 식의 주장 말이에요. 그런 점에서 트라우마에 대해 정확히 이해하는 일은 고통받는 이들과의 소통을 위해 무엇보다 중요한 작업이라고 할 수 있겠지요. 세월호 피해자처럼 트라우마를 겪는 사람들이 부딪히는 심리적 어려움에 대해서 우리가 알아야 할 것으로는 또 어떤 것들이 있을까요?

정　말씀드린 대로 트라우마의 핵심은 시간이 그 순간에 멈춰버리고 그 경험이 아주 생생하게 반복되는 거니까, 그 상태에서 느끼는 감정들이 여러가지가 있어요. 내 아이의 모습이 보이기도 하고, 친구의 목소리가 들리기도 하고, 그때의 친구의 눈빛이 반복적으로 떠오르기도 하고요. 세월호 생존학생 중에서 아이들과 같이 탈출하다가 자기 바로 뒤에서 줄이 끊긴 아이가 있는데, 그 학생이 뒤를 돌아봤다가 그 아이와 눈이 마주친 거예요. 그 눈빛이 지금까지도 계속 떠오른다고 해요. 그러니까 트라우마의 증상이란 당시의 상황이 반복적으로 떠오르면서 생기는 여러가지 감정, 감각들과 이것을 억누르기 위해서 무의식적으로 하는 심리적 시도들, 이 둘 간의 팽팽한 사투인 거죠.

　그러다보면 기억상실이 생기기도 하고, 또 지나친 몰입이나 중독에 빠질 수도 있어요. 유가족 엄마들은 덜한 편인데 아빠들에게 잘 나타나는 증상이죠. 아빠들 중에서 대책위 활동을 열심히 하느라 잠을 거의 두세시간밖에 안 자는 분들이 있어요. 세월호 내의 CCTV 영상이 복원되었을 때 대책위에서 그 영상을 판독하는데, CCTV가 모두 64개가 있었대요. 그러면 CCTV

한시간 분량을 보려면 64시간을 봐야 하는 거예요. 진상규명을 해내기 위해 그러는 것이지만 아이 생각을 하거나 아이의 마지막 순간이 떠오르는 것이 견딜 수 없이 고통스러워서 그 일에 더 매달리는 경우도 있지요. 쌍용차 해고노동자들 중에서도 동료들이 죽어나가는 시기에 자기 몸을 거의 학대 수준으로 밀어붙이며 일을 하는 노동자들이 있었거든요. 그렇게 하면 괴로운 생각이 좀 잊어질까봐요. 또 단원고 생존학생들 중에서도 남자아이들이 운동에 몰두하는 경우가 많았어요. 알코올중독 같은 중독도 마찬가지죠. 죄의식 때문에 무의식적으로 자기처벌을 하는 것도 있어요. 괴로우니까 계속 술을 먹는데, 그러다 몸을 망친다는 걸 알면서도 조심하지 않는 거예요. 비겁하게 혼자 살아남았다는 죄의식 때문에 무의식적으로 자신을 처벌하는 거죠. 그래서 병이 있어도, 병이 생겨도 치료를 받지 않고 스스로를 내버려두기도 하고요.

반복적으로 나타나는 당시의 감각이나 감정들, 그리고 그것을 지우기 위한 시도들, 이 둘 사이를 계속 왔다 갔다 하다 보면 어떨 때는 불안하고 잠을 못 자고, 그러다 어떤 때는 정반대의 감정이 부적절하게 나타나기도 해요. 생존학생 중에서도 그것 때문에 굉장히 곤욕을 치른 아이들이 있는데, 한 아이가 자기 선생님 장례식장에 가겠다고 해서 엄마가 데리고 갔어요. 그런데 얘가 장례식장에서 울지 않는 건 물론이고 심지어는 씩 웃기까지 했대요. 그 선생님의 부모님도 있으니까, 이 엄마는 너무 당황한 거죠. 그 부모님 보기에 너무 민망해서 아이를 치마에 숨겨서 나오고 싶었다고 해요. 아이가 너무 생각이 없는 것 같고 엄마가 보기에도 용서가 안된다는 거예요. 그런데 그건 비난받을 일이 아니라 하나의 증상이에요. 팔짝팔짝 뛰고 잠도 못 자고 분노와 불안으로 심장이 두근거리고 심지어 실신하는 사람도 있지만, 장례식에서조차 무감각할 수도 있는 거죠. 슬픔 같은 감정이 전혀 느껴지지 않는 거예요. 이런 감정 마비는 트라우마 피해자에게 흔히 나타나는 증상입니다.

그런데 트라우마의 증상과 관련해서 중요한 점은, 치유받지 않으면 그런 감정과 억압이 서로 싸우는 강도가 시간이 지나도 전혀 줄어들지 않는다는 거예요. 심지어는 수십년이 지나도 똑같아요. 쌍용차 해고노동자들도 5, 6년 후에 봐도 똑같고, 지금 세월호 트라우마를 겪는 사람들도 100일 전이나 지금이나 똑같아요. 5·18 광주의 피해자분들도 30년 후에 봐도 똑같고요. 어떤 고문피해자분은 자기를 고문했던 수사관이 30년 동안 어디로 이사를 가는지 계속 추적하고 있어요. 심지어는 일주일에 한번씩 테니스 가방에다 칼을 넣고 그 사람 퇴근시간에 가서 기다려요. 내가 이번에는 반드시 죽인다, 이렇게 30년째 하고 있는 거예요. 그러고는 아무것도 못하고 오죠. 그러면 다음에는 꼭 와서 죽인다, 이렇게 30년 전으로 계속 도돌이표인 거예요. 치유가

· · · · · · · ·

트라우마란 아픈 만큼 파괴되는 거예요.
자기 존재보다 더 큰 상처를
홀로 떠안고 살아가야 하는 거죠.
트라우마란 극복이 되는 상처가 아닙니다.

되지 않으면 전혀 나아지지 않는다는 걸, 그 강도나 밀도가 전혀 줄어들지 않는다는 걸 아셔야 해요.

1990년대에 유서대필사건으로 억울하게 옥살이를 했던 강기훈 선생님이 있죠. 그분과 상담을 오래 했는데, 그분이 그때 있었던 일을 마치 어제 일같이 분 단위로 기억하는 거예요. 내가 명동성당에 피신해 있을 때 어느 신부님이 무슨 이야기를 해서 내가 뭐라고 했더니 신부님 표정이 바뀌더라, 그래서 내가 옆방으로 들어가서…… 이런 식으로 바로 어제 일처럼 묘사해요. 군사정권 시절에 고문을 당한 많은 분들이 그래요. 30년 전에 안기부 지하실에 갇혀서 50일, 60일 동안 이루 말할 수 없는 모진 고문을 당한 분들을 상담하다보면요, 고문실에서 첫날 어떤 사람이 무슨 옷을 입고 들어왔는지, 어떤 눈빛으로 무슨 말을 어떻게 했는지 놀라울 만큼 상세하게 기억하고 묘사해요. 우리는 아무리 좋은 일이 있어도 몇년만 지나면 골자만 남고 세세한 기억은 사라지잖아요. 그런데 이분들은 30년 전에 겪은 일을 마치 어제 겪은 일처럼 이야기해요. 지금도 밤마다 고문실로 다시 끌려들어가는 꿈을 꾸고요. 이런 게 트라우마예요. 그 강도가 전혀 줄어들지 않은 채로 되풀이되는 거예요.

그래도 치유하면 조금씩 달라집니다. 1년 전의 트라우마도, 30년 전의 트라우마도요. 5·18 광주 피해자분들도 오랫동안 정신과 약을 먹어오다가 상담이 진행되면서 약을 끊은 분이 있어요. 놀라운 일이죠. 마음을 치유하면 눈에 보이게 달라질 수 있어요. 30년이 지난 트라우마라고 해도요.

치유되지 않으면
상처는 번져나갑니다

진 선생님께서 들려주신 이야기가 바로 세가지 범주로 분류되는 PTSD의 증상에 해당되는 거죠. 침입intrusion, 억제constriction, 과잉각성hyperarousal이라고 하는. 일상생활을 하는 내내 자꾸 트라우마의 기억이 끼어드는 것이 '침입'이고, 선생님은 튀는 레코드판으로 이 고장난 마음의 상태를 설명해주셨죠. 침몰하는 배에서 빠져나온 아이가 친구들의 마지막 눈빛이 자꾸 떠올라 고통받는 것과 같은 상황 말이에요. 반면 장례식에서 히죽거리는 아이는 '억제'를 겪는 것이라고 할 수 있습니다. 트라우마 상황을 떠올리게 만드는 생각과 그 느낌을 회피하는 증상을 보이는 것이 억제니까요. 또 5·18 피해자들처럼 계속 불면에 시달리고 대수롭지 않은 일에도 폭발적으로 화를 내는 것, 다른 사람들이 보기에는 지나치게 경계하는 태도와 같은 것들이 '과잉각성'이고요. 이런 용어들은 증상을 분류하는 범주입니다. 우리가 침투니 억제니 과잉각성이니 하는 단어들을 모른다고 피해자들의 고통에 다가갈 수 없는 것은 아니죠. 그렇지만 이런 분류 범주가 있다는 사실은 개인의 의지나 의도와는 상관없이 도저히 피해갈 수 없는 고통의 보편적 증상들이 있다는 것을 우리에게 알려줍니다. 또 이런 증상을 방치하면 그저 '잘 극복하셨으면 좋겠다'는 우리의 소박한 바람과는 달리 이들의 삶이 파괴될 수밖에 없다는 일반적 결과를 예상하게 만들지요.

정　그렇죠. 이런 트라우마의 증상들을 치유하지 않으면 더 큰일이 벌어질 수밖에 없어요. 많은 분들이 그랬듯이 자살을 선택할 수도 있고요. 매일 전투가 벌어지는데, 너무 힘들어도 피할 데가 없으니까 이제 그만두고 싶다는 마음이 들 수 있죠. 우리나라 자살률이 OECD 국가 중에서 1위라고 하잖아요. 그런데 광주 5·18 피해자들의 자살률은 우리나라 평균 자살률의 거의 500배가 됩니다. 30년 동안 마음속에서 내전을 치르는데 견딜 수가 없는 게 당연한 거죠. 또 우울증, 대인기피증 등이 만성적인 것이 되니까 세상이나 사람에 대해서 비뚤어지고 비틀린 시선을 갖게 되고요. 트라우마를 입은 사람이 정서적으로나 신체적으로나 주변 사람들, 특히 배우자나 가족들을 학대하는 경우가 많아요. 세상을 혐오하고 인간을 불신하는 정도가 심해지니까 주변에 있는 사람들을 폭력적으로 대할 수밖에요. 그러니 트라우마가 치유되지 않으면 주변 사람들이 도미노처럼 트라우마를 겪는 구조가 만들어질 수밖에 없는 거예요.

　　이번에 박근혜 대통령이 세월호 사고에 애도하고 공감하는 모습을 보이지 않은 걸 두고 많은 얘기들을 하잖아요. 대국민 담화 때 눈물 흘린 것도 거짓이었다고도 하고요. 노란 리본도 한 번도 단 적이 없죠. 저는 그것이 의도적인 행동이라고 생각해요. 타인의 고통에 공감하지 못하는 것은 트라우마가 치유되지 않았을 때 나타나는 전형적인 후유증입니다. 어린 나이에 어머니와 아버지를 하루아침에 잃은 거잖아요. 그것도 거의 신과 같았던 아버지를. 박근혜 대통령이 아버지를 잃은 뒤로 18년 동안 칩거하면서 쓴 일기들이 있는데, 그걸 보면 자기 아버지를 거의 신처럼 대하던 사람들이 하루아침에 등을 돌리는 것을 보고 느낀 배신감에 대한 이야기가 반복적으로 나와요. 그러니까 자신은 하루아침에 세상에 내팽개쳐져서 온갖 고통을 겪으면서 혼자 힘으로 여기까지 왔다고 생각하는 거예요. 그런 사람이 다른 사람의 고통에 공감할 리가 없죠. 세월호 유가족들이 엉엉 울어도 가소롭게만 보이는 거예요. '나는 당신들보다 더한 고통 속에서도 나 혼자 힘으로 여기까지 왔다. 당신들 정도의 고통이면 충분히 견딜 수 있는 거다. 엄살떨지 마라' 하는 마음이 있었을 거예요. 그래서 그렇게 유가족들에게 차갑게 대했을 거라 생각해요. 세월호 사고 직후에 오바마 미국 대통령과 정상회담을 했을 때도 화사한 옷을 입어서 논란이 되기도 했잖아요. 사람들이 '코

디가 안티냐'라는 얘기를 하기도 했는데, 그런 옷을 입은 것도 마찬가지로 박근혜 대통령의 적극적인 선택이라고 봐요.

이렇게 말하면 제가 공연히 트집 잡는 것처럼 들릴지 모르겠지만, 그건 트라우마 피해자들에게 실제로 흔히 나타나는 사례예요. 잘 아는 어떤 5·18 피해자분이 있는데, 그분이 5·18 때 고문당하고 감옥에서 10여년을 살았어요. 지금은 간신히 사회생활을 조금씩 하는 정도고요. 그분이 평소에 트위터를 한달에 한두개쯤 하고 있었는데, 세월호 사건이 터지고 나서 갑자기 하루에 30여개씩 매일 올리는 거예요. 그 내용이 다 친구들 만나서 밥 먹은 이야기, 술 마신 이야기, 노래방 간 이야기예요. 제가 그걸 보고 걱정이 돼서 전화를 했더니 그분이 뭐라고 하느냐면, 사람들이 가증스럽다는 거예요. 자기가 이십대 때 5·18을 겪으며 고문당하고 10여년을 감옥에서 살면서 죽을 만큼 고통스러웠을 때 아무도 도와주지 않았다고요. 그런데 어린 학생들이 몇명 희생됐다니까 사람들이 울고불고 난리를 치는데 그걸 도저히 용납할 수가 없다는 거예요. 그래서 그런 글을 올리면서 엇나가는 거죠. 트라우마가 치유가 되지 않으면 그렇게 다른 사람들의 고통에 공감할 수가 없어요. 그래서 피해자가 다시 주변 사람들에게 깊숙이 상처를 주게 되고, 그래서 또 주위 사람들로부터 버림받게 되고, 그러다보면 더 비뚤어지고 악해지는 거죠.

그래서 트라우마를 치료받지 못한 사람들이 우리 사회에

많아진다는 것은 굉장히 끔찍한 일이에요. 말하자면 냉혈한을 양성하는 거죠. 결국은 그 때문에 발생하는 여러가지 사회적 비용을 우리가 다 치러야 하는 거예요. 상처 입은 개인을 혼자 내버려두면 상처가 계속해서 번져나가니까요. 그러니까 트라우마를 치유하는 데 우리 사회 전체가 나서야 한다고 말씀드리는 것입니다.

트라우마에 대한
오해

진 예전에 소설가 김연수씨와 대담을 한 적이 있는데요, 그때 김연수씨가 작품을 처음 쓰는 소설가 지망생들이 주인공을 '종이인물'로 만드는 실수를 자주 한다고 말했던 기억이 납니다. 불치병에 걸려 죽어가는 소년을 주인공으로 소설을 써오라고 숙제를 내주면 그 아이가 내내 우울하고 비탄에 잠겨 있는 것처럼 써온다는 거예요. 그런데 그건 습작생의 머릿속에서만 그럴 뿐 현실의 살아 움직이는 인물들은 전혀 그렇지 않다는 거죠. 종이인형처럼 움직이는 존재가 아닌, 정말 생생하게 느끼고 움직이는 존재를 그리기 위해서 작가는 잘 살펴보고 깊이 생각해야 한다는 이야기였습니다. 사실 현실의 상황은 머릿속 상상과는 다른 경우가 대부분이지만 우리는 늘 서툰 소설가처럼 어떤 인물들에 대해서 진단하고 단언하죠. 아마 트라우마를 겪는 분들에 대해서도 비슷할 것 같습니다. 이런 서툰 관념들 때문에 발생하는 오해나 어려움으로는 어떤 것들이 있을까요?

정 고문피해자나 해고노동자들을 대상으로 상담을 하다보면 공통적으로 나타나는 현상이 있어요. 모든 트라우마에는 가해자가 있습니다. 예를 들어 1980년대 고문의 가해자는 정권의 책임자인 전두환과 고문수사관이죠. 억울하게 빨갱이로 조작돼서 10년, 20년 감옥에서 살다가 나오니까 자식은 빨갱이 새끼가 되고 부인은 떠나갔어요. 가정이 풍비박산이 난 거죠. 자기 삶도 물론 파괴될 대로 파괴됐고요. 그럴 때 그분들이 누구에게 분노를 제일 강하게 드러낼까요? 정권의 최고권력자일까요? 아니면 자신을 고문했던 사람? 그렇지 않고요, 내가 감옥에 있을 때 내 새끼를 안 돌봐준 형수나 이모, 친하게 지냈던 옆집 사람에게 가장 화가 나요. 쌍용차 해고노동자들도요, 당시에 아주 무자비하고 살인적으로 노동자들을 진압한 조현오 경찰청장이나 진압 현장에서 직접 폭력을 행사해서 부상을 입힌 경찰특공대에게 분노하기보다는 비해고자인 옛 동료들, 그중에서 관제 데모에 나와서 해고자인 자신들에게 '물러가라!'고 외쳤던 사람들, 파업 때 자신에게 새총을 겨눴던 옛 동료들에게 가장 강한 살의를 느껴요.

경찰청장도 아니고 이명박 정권도 아니고 왜 주변 동료일까요? 어떤 거대한 트라우마가 생겼고 그 트라우마 사건의 명백한 가해자가 있어요. 그런데 그 가해자가 나와 너무 멀리 있고 압도적인 힘을 가진 경우에는 피해자들 안에서 서로 상대적인 가해자를 찾는 일종의 심리 게임이 발생해요. 형수와 큰형이 내 자식을 돌봐주지 않은 것, 어려웠을 때 내가 도와준 이모가 바로 옆 동네에 사는데 내가 감옥에 가자 자기 자식들을 내 집에 발도 못 들이게 한 일, 그런 일들이 사무치는 거죠. 그런데 그 이모 입장에서는 조카가 빨갱이로 잡혀갔으니 그 집과 왕래하면 자기 식구들도 다 잡혀가고 가정이 풍비박산 나는 거잖아요. 그래서 못 간 것일 수 있는데, 그런 합리적인 판단이 이루어지지 않는 거예요. 피해자들끼리 상대적인 가해자를 찾는 상황에 빠지다보면 실질적인 가해자는 시야에서 싹 사라져요. 피해자들끼리 서로 미워하고 물어뜯으며 증오하다가 모두가 망가져요.

지금 세월호 트라우마에서도 똑같은 현상이 나타나는데요, 처음에는 제대로 구조작업을 못한 해경이나 청와대, 정치권으로 분노가 향하다가 점점 일반인 희생자 가족이나 단원고 유가족 부모와 생존학생 부모 간에, 또는 단원고 유가족 상호간에 분노나 미움이 생겨나요. 또다른 공통의 적은 학교예요. 단원고 선생님들 말이죠. 유가족이나 생존자 부모에게 학교나 선생님

마음을 치유하면 눈에 보이게 달라질 수 있어요.
30년이 지난 트라우마라고 해도요.

얘기를 꺼내면 눈빛이 달라진다고 느낀 적이 많았어요. 선장이
나 대통령보다 학교와 선생님들에 대한 분노가 더 구체적이고
생생하고, 때론 더 크다고 느낀 적도 있어요. 그런데 이 감정이
객관적으로 그분들의 잘못을 따져서 해결되는 문제는 아니에
요. 실제 잘잘못의 여부와 무관하게 주변 사람에게 자신의 분노
를 표출하는 것이 이런 경우에 일어나는 아주 공통적인 현상이
라는 거죠. 피해자들끼리 서로 상처를 주고받으면서 상처가 더
깊어지는 현상이 벌어지고요.

　　제가 작년 4월 처음 팽목항에 내려갔을 때는 당장 상담
을 할 수 있는 상황도 아니고 아무것도 할 수 있는 게 없어서 신
원확인소에 있었어요. 팽목항의 신원확인소는 아이들의 시신이
바다에서 올라오면 깨끗이 닦고 아이들이 입은 옷이나 인상착
의를 확인해서 밖에다 알리면 내 아이인 것 같다 하는 부모들이
와서 신원을 확인하는 곳이죠. 여기서 신원확인이 되면 가족을
따라 집으로 올라가서 장례를 치르게 됩니다. 팽목항의 신원확
인소는 부모들이 죽어야만 잊을 수 있는 상처를 받는 곳이에요.
엄마들은 거의가 혼절을 하고 아빠들은 그런 엄마를 추스르느
라 울지도 못하고요. 거기서 천주교 광주대교구의 장례지도사
분들이 자원봉사로 시신을 수습하고 계셨거든요. 그분들이 바
다에서 올라온 아이들 시신을 꼭 아기 목욕시키듯이 그렇게 정
성껏 닦아주셨어요. 그래서 나중에는 아이들이 정말 놀다 잠든

것처럼 예뻐져요. 마지막 순간에 부모들이 상처를 덜 받게 하려고 그렇게 최선을 다하시는 거예요. 그런데 어떤 유가족 엄마가 그곳에서 아이 이름을 부르면서 쓰러졌다 일어났다 하다 겨우 밖으로 나가는데, 그때 봉사하고 계시던 장례지도사 한분이 마침 마스크를 벗고 있었는데 입술에 루주를 바르고 있었던 거죠. 그걸 본 이 엄마가 나가다 말고 '당신 지금 뭐하는 짓이냐. 어디서 입술을 빨갛게 칠하고 다니냐' 하고 화를 냈어요. 주변 사람들이 겨우 말려서 유가족이 밖으로 나갔는데 그 장례지도사분이 이렇게 말씀하시는 거예요. '우리가 견뎌줘야지. 우리는 엄마 아니냐.' 그 상황에서 유가족이 정상적인 상태가 아닌 것이 당연하다는 것을 이해해주시는 거죠. 진짜 가해자는 너무 멀고 내 분노를 전혀 받아주지 않으니까, 당장 눈에 보이는 사람 중에 분노를 풀 수 있는 사람이 있으면 객관적으로는 너무 고마운 사람인데도 아주 사소한 자극에도 분노를 표출하는 거예요. 그 사소한 자극이 루주가 될 수도 있고요. 그 사람이 나보다 조금 형편이 낫다는 사실이 분노의 원인이 되기도 하죠. 실종자 가족 입장에서는 그게 유가족이 될 수 있고, 유가족 입장에서는 생존자 부모이고, 유가족이나 생존자 부모에게는 학교 선생님일 수 있어요. 그런 식으로 주변의 모두가 분노의 대상이 될 수 있어요. 때론 자원봉사자들이 그 대상이 되기도 하고요. 진도와 안산에서 그런 일들이 실제로 많았습니다. 이런 모습이 피해자 개인의 잘못이나 실수라기보다는 트라우마의 주된 증상 중 하나라는 것을 이해해야 해요.

유가족들이 조를 짜서 진도에 내려가서 실종자 가족들을 위로해왔잖아요. 어떤 희생학생 부모는 아이의 시신을 찾아서 삼우제를 지내고는 바로 진도로 내려갔어요. 본인도 거의 60일을 거기 있었으니까, 남아 있는 실종자 가족들이 너무 마음이 쓰이는 거죠. 그러니까 실종자 가족의 심정을 이해하고 위로할 수 있는 사람은 그분들과 같이 있었던 유가족밖에 없는 거예요. 그 유가족 엄마는 장례 치르고 잠을 거의 못 잤는데 진도체육관에 내려간 날 너무 단잠을 잤대요. 진도체육관이 제일 편안하다는 거예요. 60일을 그곳에서 지내는 사이에 그곳이 정서적으로 자기가 있을 자리, 자기의 둥지가 된 거죠. 자기 고통과 온전히 한 몸이 된 공간이 그곳뿐이고, 거기에 있는 사람들이 세상에 유일한 동지가 된 거예요. 다양한 층위의 세월호 피해자들은 서로가 유일한 의지처이기도 하고 서로에게 더할 나위 없는 공감자이고 위로자이지만, 동시에 서로에게 가장 많은 상처를 주고받는 관계가 되기도 합니다.

진__ 트라우마로 고통받는 이들에게서 나타나는 공통적인 현상으로 또 하나 전문가들이 언급하는 것이 생존자 죄책감 survivor guilt인데요, 잘못한 것 없는 사람이 죄책감을 느낀다는 것이 선뜻 이해되지 않기도 하지요. 우리 마음속에서 이런 수로들은 어떻게 만들어지는 것인지 궁금합니다.

정　예전에 한진중공업 노조 간부가 노조 사무실에서 목을 매고 자살한 일이 있었죠. 그때 거의 모든 노조원들이 자기가 30분 전에만 왔었어도, 한번만 들여다봤었어도, 하고 죄의식을 가졌어요. 어떤 사람은 이틀 전에 무척 심란한 꿈을 꿨는데 그게 그 사람이 죽는 꿈이란 걸 자기가 못 알아차려서 막지 못했다며, 말도 안되는 이유로 모두가 자기 탓을 하는 거예요. 그래서 그때 그분들에게 설명을 했어요. 누군가 자살을 하면 그 사람과 심리적, 물리적으로 가까운 거리에 있던 사람 순으로 죄의식을 갖는다고요. 죄의식을 느끼는 사람은 그 사람을 사랑하는 정도(심리적 거리)에 따라, 그 죽음을 얼마나 가까이에서 목격했는지의 정도(물리적 거리)에 따라 죄의식의 크기가 결정됩니다. 그 죽음에 대한 실질적 책임과는 별 관계가 없어요. 사실 그 노조원의 죽음에 현실적 책임이 있다고 할 수 있는 사람은 그 가족이나 노조원들보다 죄의식이 적을 겁니다. 그래서 '여러분들이 죄의식이 크다면 그건 그 사람과 각별했거나 그 사람을 무척 아꼈다는 증거다'라고 말해줬어요. 그랬더니 그 이야기를 듣고 노조원들이 안심하는 거예요. 자기에게 죄가 있어서 죄의식을 느끼는 게 아니라 그와 친해서 그런 것이라는 사실을 알게 되니 죄의식이 덜어지는 거죠. 사실 대단히 복잡한 이야기도 아니고, 그 사실만 알아도 훨씬 나은 건데 말이에요. 더구나 세월호 유가족들은 당연히 자식을 가장 사랑하는 이들이니 그 죄책감의 강도가 말할 수 없이 크죠.

세월호 생존자 가운데 제주에 사는 화물차 기사분들이 있어요. 그중 한분이 사고 당시에 단원고 아이들을 많이 구조했는데, 사고 후에 너무 힘들어하다 물어물어 제주에서 안산의 치유공간 '이웃'에 찾아왔어요. 그분 이야기가, 세월호에 탔을 때 보니까 단원고 아이들이 너무 착했대요. 제주와 육지를 오가며 화물차 운전을 하느라 그 배를 많이 탔고 그 안에서 수학여행 가는 학생들도 많이 만나게 되는데, 단원고 아이들처럼 말 잘 듣고 순한 학생들은 처음 봤다는 거예요. 선생님이 뭐라고 하면 금방 정리되고 조용해지고. 그래서 너무 예뻤대요. 자기 막내딸도 고등학교 2학년이라서, 다들 자기 자식 같으니까 사고가 났을 때 너무나 열심히 구조를 한 거죠. 그러다 결국은 자신은 살아서 나왔잖아요. 그때 구해달라고 애원하는 그 눈빛을 두고도 더이상 어떻게 할 수가 없어서 돌아서 나올 수밖에 없었던 거죠. 그러니까 자기가 그 아이들을 죽였다는 생각을 지울 수가 없는 거예요. 그분이 배에서 나와서 진도체육관에 있었는데, 그때 단원고 부모들이 사고 소식을 듣고 단체로 버스를 타고 진도체육관에 도착해서 우르르 내리는 걸 보고는 혼비백산해서 도망을 다녔대요. 저 부모들의 자식들을 자기가 죽인 거라고 생각해서요.

　그분이 상담을 받으며 조금씩 나아지던 어느날, 그동안 자기 딸에게 너무 상처를 준 것 같다며 딸아이를 '이웃'에 데려왔어요. 그런데 그 고등학교 2학년 딸은 어떤 생각을 하고 있었느냐면요, 자기 아빠가 차라리 그 아이들을 구조하지 않았더라면 저렇게 고통스러워하지 않았을 텐데, 그 아이들이 자기와 같은 학년이라서 아빠가 적극적으로 구조를 한 거다, 그러니까 결국 아빠의 고통은 나 때문이다, 이러는 거예요. 내가 그 얘기를 '이웃'의 대표로 같이 일하고 있는 이명수 선생에게 들려줬더니 'PTSD의 죄의식은 정말 창의적이구나'라고 해요. (웃음) 이렇게 말도 안되는 논리를 만들어서 죄책감을 갖는 거예요. 논리적으로 말도 안되고 전혀 객관적이지도 않은데 피해자와 심리적, 물리적으로 가까운 순서대로 그냥. 정작 죄의식을 가져야 될 사람들은 하나도 안 갖는데 말이죠.

　진　그러니까 실제 책임과는 아무 상관이 없다는 거죠. '내가 조금만 더 영리했으면, 조금만 더 용감했으면 살릴 수 있었는데.' 이처럼 생존자들이 재난 사건을 반복적으로 기억하면서 죄책감을 갖는 이유를 로버트 리프턴Robert Lifton은 심리적 필요에서 찾습니다. 그는 히로시마 원폭 생존자들에 대한 연구서에서 이렇게 설명하죠. "재난으로부터 유용한 교훈을 이끌어내고, 힘과 통제감을 되찾기 위한 시도라고 이해할 수 있다. 더 잘할 수 있었을 거라고 상상하는 것은 완전히 무력하기만 한 현실에 직면하는 것보다 견디기 쉬울지도 모른다." 물론 그런 심리적 필요에서 비롯된 죄책감이라고 해도 이 죄책감을 해소할 수 있는 적절한 과정이 마련되지 않으면 트라우마 사건을 경험한 사람들의 삶이 파괴될 수밖에 없습니다. 선생님께서 말씀하신 화물차 기사의 경우처럼 말이죠. 이제 이 죄 없는 사람들이 죄책감과 극심한 고통으로부터 벗어날 수 있도록 어떻게 돕고 연대할 수 있을지 생각해봐야 할 것 같습니다.

살아남은 자의 슬픔

베르톨트 브레히트

물론 나는 알고 있다
오직 운이 좋았던 덕택에
나는 그 많은 친구들보다
오래 살아남았다

그러나 지난밤 꿈속에서
이 친구들이 나에 대하여
이야기하는 소리를 들었다

"강한 자는 살아남는다"
그러자 나는 자신이 미워졌다

3
—
진상규명은
치유의
전제

죽음은 위대하다.
우리는 웃음을 띤
그의 입일 뿐이다.
우리가 삶 한가운데 있다고 생각하면,
죽음은 우리 가슴 깊은 곳에서
마구 울기 시작한다.

—릴케 「맺음시」

　　　　　　　　　시인들의 영원한 레퍼토리는
사랑, 혁명, 죽음, 그러나 그중에서도 죽음은 가장 심각하고 보편적인
이슈이다. 어수선하지만 혁명은 생각조차 할 수 없는 시대를 살아간 시
인이 여럿일 테고 드물기는 하지만 사랑이 멀리 비켜간 생도 있다. 그런
경우엔 신에 대한 사랑을 노래하기도 했다. 그렇지만 모든 시인들, 아니
모든 사람들에게 일어나는 유일한 공통의 사건은 죽음이다. 그것은 모
든 이들의 삶과 가깝다. 릴케는 또다른 시에서 죽음은 우리의 삶과 함께
자라나는 것이라고 말했다. 어쩌면 우리는 죽음을 담담하게 받아들여
야 할지도 모른다. 그것은 우리 모두에게 당연한 것이고 자연스러운 것
이니까. 그런데 오늘 우리 앞에 펼쳐진 고통스러운 사태 앞에서 이런 성
찰적인 평정심을 유지할 수는 없다. 이것은 인간적인 죽음이 아니기 때
문이다. 마치 어떤 보이지 않는 손에 의해 계획된 것처럼 배가 뒤집히고
그 거대한 손이 배에 접근하는 것을 막는 것처럼 구조가 지연되었다. 그
런데 그 손이 우리에게 사멸할 운명을 할당한 신의 손인 것 같지는 않
다. 사건을 만들어낸 그 손이 의심스럽다. 의심이 정확히 풀리지 않는
한 우리는 도무지 죽음과 고요하게, 성찰적으로 만날 수 없을 것 같다.

치유적 관점에서 진상규명이
가장 중요합니다

진   이제 시간이 충분히 흘렀으니 슬픔을 딛고 자연스럽게 현실로 돌아올 수 있는 때가 되었다고 말하는 사람들이 있죠. 더이상은 광장과 거리에서 진상규명을 호소하지 말고 개인적인 치유작업을 통해서 슬픔을 극복할 필요가 있다고 말하기도 하고요. 이제는 개인의 치유적 관점에서 접근해야지, 세월호 참사를 사회적인 차원에서 다루는 것은 올바르지 않다고 보는 입장입니다. 선생님이 말씀하시는 치유적 관점은 이런 입장들과는 큰 차이가 있는 것 같아요. 이 관점을 선생님께서는 '사회적 치유'라고 표현하셨지요.

정   세월호 유가족들이 시내에서 서명을 받을 때 등장했던 '엄마부대'가 있었죠. 광화문의 단식 현장에 와서 폭언을 하고 갔잖아요. '엄마부대'라고 쓴 빨간 옷을 입고 와서는 언제까지 이럴 거냐고, 당신들이 국민에게 미안해해야 한다고 유가족에게 비수를 꽂고 갔어요. 그것도 엄마라는 이름으로 말예요. 이런 분들이 주변에 늘어나고 있습니다.

앞서 말씀드렸듯이 트라우마를 겪은 사람들은 그 상황에

서 시간이 멈춥니다. 치유가 이루어지지 않으면 삶의 진도를 나갈 수 없고 다음 과업으로 넘어갈 수 없어요. 그렇다면 어떤 것이 트라우마의 치유이고 어떻게 하면 이 사람들의 삶이 멈추지 않고 나아갈 수 있을까요? 가장 핵심적인 것이 진상규명입니다. 이건 저의 정치적 입장을 피력하기 위해서가 아니라 트라우마를 치유하는 정신과의사로서, 트라우마 치유의 메커니즘을 작동시키기 위해 진상규명이 필요하다고 말씀드리는 거예요.

정신과에는 수백가지의 질환이 있어요. 우울증, 불안증, 정신분열증, 알코올중독, 강박증 등 많은 질병이 내면의 심리적인 문제 때문에 생기는 병들이에요. 그런데 유일하게 내인성이 아닌 외인성 질환이 있어요. 그게 바로 외상후 스트레스 장애, 즉 트라우마예요. 트라우마는 외적 사건이 근본 원인인 병입니다. 개인 내면의 갈등 때문에 생긴 게 아니란 거죠. 그래서 트라우마 치유를 위해서는 근원적 요소인 외부 요인에 대한 명명백백한 정리가 먼저 필요해요. 이 거대한 분노와 억울함의 진원지에 대한 명확한 규명 없이 개인 내면만 치유하면 된다는 건 언어도단이에요.

트라우마를 겪은 사람을 살펴보면 물론 분노와 무기력증도 그를 힘들게 하고 망가뜨리지만, 결정적으로 살 수 없을 만큼 힘들게 하는 감정은 억울함입니다. 정신과 질환 중에 자살률이 가장 높은 것이 외상후 스트레스 장애예요. 사람이 억울하면 살

수가 없어요. 마치 길을 가다가 갑자기 펵치기를 당한 것과 마찬가지예요. 이건 평소 내가 어떻게 살았는지와는 전혀 상관이 없는 거예요. 세월호 트라우마도 똑같죠. 죽지 않아야 할 아이들이, 죽을 이유가 하나도 없는 아이들이, 다 구조가 될 수 있는 아이들이 너무나 억울하게 죽었어요. 그리고 거의 온 국민이, 그것도 생중계로 그 아이들의 죽음을 지켜봤어요. 그러니 그 외부적인 요인에 대한 분명한 원인규명이 없으면 세월호 트라우마의 치유는 단 한발짝도 진행될 수 없습니다. 진상규명이 치유의 가장 중요한 첫 단계예요.

제가 이렇게 이야기하면 어떤 사람들은 왜 정치적인 행위를 하느냐, 유가족들이 슬퍼하는데 상담실에서 상담이나 하지 그러느냐고 하는데, 그거야말로 트라우마에 대한 이해가 부족해서 하는 말이에요. 먼저 사건의 진상이 명확하게 규명되어야만 그 이후에 피해자 개인이 감당할 수밖에 없는 상실감과 슬픔, 고통 등을 심리적으로 극복할 수 있도록 도울 수 있어요. 진상규명을 위해서 유가족들이 동분서주하는 건 그 자체로 스스로를 치유하려는 몸부림이라는 걸 알아야만 합니다.

진　우리의 마음에 일어나는 모든 고통과 상처를 해결하는 일이 전적으로 개인의 몫이라고 보는 것은 사실 수입산 관념인데, 오히려 우리가 더 철저하게 학습하게 된 것 같아요. 쑤

전 랭어Susanne Langer 같은 철학자는 20세기 문화가 우리의 마음과 감정을 다루는 방식을 '치료학적 감정양식'이라고 말합니다. 한사람이 고통을 겪는 이유는 사회적인 데에 있는데, 상처 입은 마음을 이해하고 조절하는 것은 오직 개인적 차원의 치료로 해결하게 하는 감정 처리의 테크닉이 현대인들에게 광범위하게 주입되고 있다는 거예요.

어떤 학자들은 미국 사회에서 정신분석학이 유행한 결과로 이런 경향이 학계뿐 아니라 일반인들에게도 영향력을 미치게 되었다고 설명하죠. 가령 이런 거예요. 직장에서 한 여직원이 상사와의 갈등으로 고통을 겪고 있는데 상담실에서는 정신분석가가 그건 네가 그 상사에게서 어린 시절 집을 나간 너의 아버지의 모습을 발견하기 때문이다, 이렇게 분석해주고 직장 내의 문제를 모두 가족 문제로 환원하는 식이에요. 이런 유의 기업상담이 미국에서 노조가 약화되고 상담 문화가 정착하는 데 큰 도움을 주었다고 합니다. 그런데 우리의 전통적인 관념에 비춰보면 이게 그리 익숙한 생각은 아니에요. 사회를 커다란 가족공동체로 보고 슬픔과 기쁨을 함께 나눠야 한다는 소박한 상호부조의 관념이 오히려 더 강했었죠. 지금은 정말 많이 달라졌지만요.

정　미국의 그 예는 정신분석학이라는 도구를 빌려 인간의 정신세계와 마음을 기능주의적으로 재단한 미성숙한 정신과의사들의 문제입니다. 그런데 서구에서는 그런 정신과의사들이 전체의 일부인 데 반해 우리나라에서는 대부분의 정신과의사들뿐 아니라 시민 대다수도 그런 식의 인식을 가지고 있다는 게 더 큰 재앙인 것 같아요. 그런 얄팍한 논리로 피해자에게 2차 가해를 하거든요.

진 혹시 다른 참고할 만한 사례가 있을까요? 국가적 차원에서 슬픔을 함께하고 위로하는 공적인 의례를 거치고, 다시 개인적 영역에서 여전히 부서진 마음의 조각들을 모으는 그런 모범적인 활동들 같은 것 말예요.

정 완벽한 모범 사례는 아니더라도 미국 카트리나 참사에 대한 미국 사회와 정신의학계의 대처나 일본 지진에 대한 대처에서 우리가 본받을 점이 많아요. 하지만 우리나라에서 재난이 발생했을 때 치유가 매우 어려운 건 외국의 성공 사례를 몰라서가 아니라 치유를 적극적으로 방해하는 우리 사회의 정치사회적, 구조적 문제들 때문이에요. 예를 들어 9·11 테러로 세계무역센터 빌딩이 무너졌을 때나 스웨덴에서 대형 여객선이 침몰했을 때 그 나라 정부와 국민들은 온 마음을 모아서 희생자들을 위해 추모하고 슬픔을 표하잖아요. 그 사건에 대한 진상규명도 온 사회가 합심해서 결국 이루어내고요. 그럴 때 그다음 수순으로 피해자가 개인적으로 감당해야 하는 심리적 영역이 남지요. 거대하고 불가항력적인 고통을 한 인간이 받아들이기 위해 심리적으로 씨름하는 과정에 심리치유와 종교의 역할이 있다고 봅니다.

그런데 우리는 개인의 심리적, 치유적 영역으로 들어가는 것 자체가 불가능할 만큼 사회가 2차, 3차 외상을 계속 줍니다. 그러니까 피해자들이 치유 쪽으로는 한발짝도 진입하지 못한 채 생을 마감하는 경우가 대부분인 거예요. 외상후 스트레스 장애라는 건 말 그대로 외상 이후의 상태를 말하는 건데, 실제로는 외상 이후의 단계로 진입조차 못하고 끝나는 거죠. 광주 5·18 피해자들이 아직도 그렇잖아요. 제주 4·3항쟁도 아직도 외상 중인 거고요. 쌍용차도 마찬가지고, 용산, 밀양, 강정, 아무것도 해결되지 않은 채로 그 위에 세월호까지 겹쳤죠. 국가가 피해자 치유 측면에선 한번도 손써보지 못한 채 우리 사회의 재앙적 상처들이 그 위로 계속 덮치고 있는 형국인 거예요.

제가 치유의 근본이 진상규명이라고 얘기하는 건, 진상규명이 제대로 진행이 되어야 비로소 치유라는 걸 시작해볼 수 있다는 거예요. 진상규명이 되지 않으니까, 부모들이 별이 된 내 아이에게 그리운 눈길 한번 마음껏 주기가 어려운 거예요. 국회에 가서 싸워야 하고, 시민들이 막말을 하면 들러붙어 싸워야 되고, 자식을 잃었는데 정작 자식의 죽음은 사라진 공황상태인 거예요. 세상에 이런 불행한 일이 어디 있어요. 자식의 죽음이라는 트라우마는 그것만 가지고 씨름해도 일생이 걸리는 일인데, 아직도 많은 세월호 유가족들이 사고 후 1년이 다 됐는데도 비뚤어진 세상과 싸우느라 이 일은 시작도 못하고 있어요.

치유받아야
잘 싸울 수 있습니다

진 치유의 중요성에 대해서 이제 많은 사람들이 공감하고 있지만, 다른 한편으로는 치유에 힘쓰는 부모들을 비난하는 목소리도 있다고 말씀하셨는데, 그렇게 문제를 제기하는 분들에게는 어떤 말씀을 해주실 수 있을까요?

정 사실 어디서나 늘 듣는 얘기예요. 항상 그게 둘로 나뉘어 있어서, 한쪽 입장에서는 치유가 이기적인 거라고 보는 거죠. 공익을 위해서 싸우는 것과 자기 한 몸 보전하기 위해서 치유를 받는 것, 이렇게 이분법적으로 생각해요. 쌍용차 해고노동자들을 처음 찾아갔을 때도 그랬어요. 해고노동자들이 연달아 자살이나 돌연사로 목숨을 잃을 때 무턱대고 찾아갔는데, 그분들이 '우리는 치유받을 시간이 없다, 지금 우리는 싸워야 한다,

우리는 한가한 사람들이 아니다'라고 하는 거예요. 그래서 제가 그때 그랬어요. 치유받아야 더 잘 싸운다고요. 나중에 들으니 그 얘기 때문에 솔깃해서 시작하게 됐다고 하더라고요.

그건 제가 낚시질하려고 한 말이 아니라, 그게 치유의 핵심이에요. 예를 들어서 정권을 대상으로 싸우면 30년도 지치지 않고 싸울 수 있어요. 그런 사람들을 많이 봐왔어요. 선명한 외부의 적이 있을 때는 지치지 않아요. 그런데 결국 싸움에서 무너지는 경우가 뭐냐면, 내부의 분열과 갈등 때문이에요. 세월호 유가족들 사이에서도 당연히 그런 갈등이 있어요. 나는 열심히 싸우는데 누구네 부모는 집회에 안 나온다, 누구 엄마를 마트에서 봤다는 사람이 있는데 누구는 식구가 없고 집안일이 없는 줄 아냐, 피해자가 아닌 시민들도 함께 울며 집회에도 참여하는데 같은 유가족끼리 그럴 수 있느냐, 이렇게 되는 거죠. 그것 때문에 속앓이를 너무 해요. 또 집회에 못 나간 사람은 그런 비난을 계속 들으면 미안하기도 하지만 나중에는 화가 나잖아요. 그렇게 피해자 내부에서 서로를 비난하면 싸우는 사람들도 동력이 떨어지고, 안 나오는 사람들도 계속 안 나오게 되고, 그래서 정작 싸워야 할 대상보다 같은 피해자들끼리 더 꼴 보기 싫고 서로 미워하게 되는 거예요. 어떻게 같은 피해자고 똑같이 아이를 잃은 부모인데 저럴 수 있냐, 그것이 더 생생한 미움이고 분노고 갈등의 요인이 되는 거죠. 이런 일은 국가 공권력을 대상으로 싸우는 피해자 집단 내에서 흔하게 일어나는 일이에요.

치유라는 건 사실 거창한 이야기를 하는 게 아니라 일상의 소소한 감정까지 다루는 거잖아요. 그러면서 인간관계에 대해서도 여러가지 성찰을 하고요. 세월호 유가족 엄마 한분이 상담과정에서 그런 이야기를 했어요. 매일 집회에 나가서 싸우고 늘 적극적으로 나서서 발언하던 분인데, 몇달을 그렇게 열심히 나가다가 갑자기 죽을 만큼 아파서 한달을 쉬었대요. 그런데 그렇게 집에서 쉬고 있으니까 집회에 안 나오는 사람들의 심정이 어떤지 알겠다는 거예요. 그러면서 자기가 집회에 나갔을 때 집회에 안 나오는 유가족들에게 어떤 서운한 마음이 들었는지, 그러다 자기가 그 심정이 되어보니 어떤 느낌이 드는지 터놓고 얘기를 하더라고요.

제가 다른 유가족들을 상담할 때 그 엄마 얘기를 툭툭 던져요. 다른 사람들끼리 있을 때 그 얘기를 서로 공유하게도 하고요. 그러니까 그분들 생각이 조금씩 바뀌는 거예요. '그래, 그럴 수도 있구나, 그런 사정이 있었구나' 하고요. 밖으로 나오지 않는 유가족은 힘들어서 못 나오는 거거든요. 밖에 나갔다가 몇번 상처받는 경험을 하고 나서는 두렵고 회의가 생겨서 못 나가는 거죠. 그런 마음을 알면 통제할 수 없던 화가 줄어들어요. 그러면 자연히 비난하는 일도 줄어들고, 안 나오던 사람들도 다시 나올 수 있게 되고요. 아주 소소한 것이지만, 이런 마음의 문제들을 잘 정리하면서 나가야 집단 전체의 동력을 잃지 않을 수 있어요. 그런 면에서 저는 치유와 싸움이 둘이 아니라고 생각합니다. 잘 싸우려면 치유가 되어야 하고요, 치유되면 무조건 잘 싸워요. 그럴 수밖에 없어요.

진 말씀을 들으니 '용기와 회복을 위한 센터'를 운영하는 파커 J. 파머의 말이 떠오릅니다. 우리의 의견에 강한 차이가 생기는 게 문제가 아니라 자기에게 동의하지 않는 사람들을 악마화하는 것이 문제라는 거예요. 그게 영혼의 민주주의를 방해하는 큰 걸림돌이라는 거죠. 가족, 동네, 일터, 교실, 종교 공동체뿐만 아니라 피해자 공동체에서도 이견을 드러내고 또 그걸 조정하는 영적 민주주의가 실현되지 않는다면 치유가 더욱 더디고 어려운 과정이 될 수 있을 것 같습니다. 파머는 민주주의를 살아남게 하는 '마음의 습관'이 꼭 필요하다고 말하면서 이 마음의 습관을 '창조적으로 긴장을 끌어안기'라고 이름 붙이는데요, 아마 '이웃'이 할 중요한 일 중 하나가 피해자 공동체가 생명력과 활력을 가지고 지속적으로 존재할 수 있도록 하는 것이겠네요. 그러기 위해서는 피해자들 각자가 이런 마음의 습관을 가질 수 있도록 도와야 할 테고요.

정 네, 그 부분이 정말 중요합니다. 유가족들은 아이를 잃고 느끼는 슬픔, 그리움, 고통, 통증, 분노 자체도 받아들이기가 너무 힘든데, 당장 그보다 의외로 그분들이 힘들어하는 게 뭐냐면, 자기 활동이 무의미해지는 것에 대한 불안이에요. 맨날 집회에 나가서 하루 종일 앉아 있다 오는데, 문득 이게 무슨 의미가 있나, 이걸로 뭐가 해결된 게 있나, 어떤 사람은 한번도 안 나오는데, 내가 이렇게 하는 게 맞나? 그런 의문이 들고 이 일이 너무 부질없다는 생각이 들어서 굉장히 힘들어하고 혼란을 겪어요. 그렇다고 집회에 나가지 않는 사람들은 편안한가 하면 그렇지 않아요. 다른 사람들은 다 나가는데 나는 내 아이를 위해 하는 것도 없고 너무 무기력하기만 하고, 나중에 하늘에 가서 아이를 만나면 창피할 것 같고, 내가 이래도 괜찮은 건가, 이런 마음 때문에 무척 괴로워해요. 사실 이런 문제만 조금 해결되어도 전체적인 고통은 견딜 만하게 느낄 수 있어요.

치유라는 게 거창하고 추상적인 것이 아니라, '아, 내가 이래도 괜찮구나. 나만 이러고 있는 게 아니구나. 내가 지금 하고 있는 생각이 원래 사람들이 많이 할 수 있는 생각이구나' 하고 깨닫는 거예요. 예를 들어 유가족 중에서 어떤 분이 아무것도 하지 않고 집에만 있는데, 그것 때문에 너무 죄의식을 느끼고, 그런 스스로가 괴로워서 계속 울기만 해요. 그래서 같이 얘기를 하면서 '그럴 수 있다. 열심히 나가는 사람들도 뿌듯하고 아이를 위해서 뭘 해줄 수 있다는 생각 때문에 그러는 게 아니라, 갔

ⓒ정택용

· · · · · · · ·
죽지 않아야 할 아이들이,
죽을 이유가 하나도 없는 아이들이,
다 구조가 될 수 있는 아이들이 너무나 억울하게 죽었어요.

다 오면 이게 무슨 의미가 있나 계속 고민한다. 그런 고민을 하는 당신이 굉장히 성찰적인 거다. 그런 고민을 해야 맞다. 너무 당연하고 건강한 고민이다' 하고 말해드리죠.

열심히 나서서 싸우는 사람들은 정말 존중해야죠. 그게 보통 일이 아니잖아요. 그런데 이 싸움이 길기 때문에, 이 사람들이 더이상 견디지 못하고 돌아오는 때가 생기게 되어 있어요. 후방으로 이송되는 거죠. 저는 그럴 때 뒤에 있던 사람들이 잘 지키고 있다가 그때 나가면 된다고 얘기해요. 국면이 계속 왔다 갔다 하게 되어 있으니까, 시기마다 필요로 하는 사람이 다를 수 있거든요. 그런데 당사자들은 그렇게 전체적으로 조망할 수가 없어요. 당장의 국면에서 정신이 없으니까요. 내가 오늘 집회에 나가야 되는데 내일은 나갈까 말까, 못 나가면 이상하지 않나, 하루하루 마음속으로 그런 사투를 벌이느라 긴 시야를 가지고 상황을 보지 못하는 거예요. 그러니까 별것 아닌 설명이지만 '이건 긴 싸움이다, 앞에 나선 사람들이 뒤로 물러나면 그때 나가면 된다'라고 말해주면 지금 자기가 나서지 못하는 것에 대한 불안감이 줄어들어요. 그러다보면 지금 앞에 나가 있는 사람에 대해서도 편안한 마음으로 고마워하게 되고요. 그러면서 내부 분열도 줄어드는 거죠.

또 진상규명을 위해 싸우러 나가는 유가족들에게도 '당신들이 정말 대단하다. 정말 애쓴다. 여기 '이웃'에서 먹는 밥은

다 군량미인 거다. 다 시민들이 보내주는 것이니까, 여기 와서 잘 드시고 나가서 싸우셔야 된다. 진상규명이 치유의 핵심이다' 이렇게 말해주죠. 그래야 치유적인 공간을 개인의 이득을 챙기는 게 아니라 싸움을 지원하는 공간으로 받아들일 수 있어요. 그러면서 '이웃'에 발걸음을 하기 시작하면 조금씩 치유적인 기운의 영향을 받지 않을 수 없는 거예요. 똑같이 나가서 싸우더라도 치유적인 기운을 느낀 사람과 그렇지 못한 사람은 전혀 달라요. 나서서 싸우는 사람도 다른 사람을 인정하고, 뒤에 있는 사람도 그 사람을 존중할 수 있게 되니까요. 그런 치유적 분위기를 만드는 일이 중요합니다.

진 선생님의 말씀대로 다양한 의견과 성향을 지닌 분들이 모인 피해자 공동체에서 인간적이고 정치적인 유대를 만들어내는 일이 중요하게 느껴집니다. 내적 안정감을 지니고서 움직일 때만 계속 변화하는 외부 상황에 제대로 대처할 수 있겠고요. 그런데 세월호 특별법이 통과되고 나서 세월호 국면이 일단락되었다고 보는 이들도 많습니다. 변화된 상황에서 유가족들의 활동이나 고민들도 조금씩 달라진 부분이 있을 텐데요, 대체로 어떻게 느끼고 계시나요?

정 세월호 특별법이 통과된 후로도 상황은 여전히 혼란스러워요. 1년이 다 됐지만 달라진 것이 아무것도 없으니까요. 그럼에도 저는 작년 4월 이후부터 특별법 통과 이전까지가 씨즌 1이라면 지금은 씨즌 2라고 느껴요. 씨즌 2는 씨즌 1과는 조금 다른 방식의 대처나 마음의 준비가 필요합니다. 사고 초기부터 세월호 유가족들이 시민들과 함께 공감하며 집회 등을 통해 장외투쟁을 해온 건 필연적이기도 하고 무척 의미있는 일이라고 생각해요. 그런 방향의 활동 속에서 피해자 가족으로서의 정체성, 집단의 정체성이 형성되어왔고요. 하지만 특별법 통과 이후에는 점점 더 기술적, 행정적인 영역의 실무들이 중요해지니까 전문가들이 나서서 감당해줘야 하는 일이 더 많아지기도 했죠. 유가족에게는 이제 문제 해결자가 아닌 피해자 입장으로 조금 더 돌아가야 하는 시기이기도 합니다. 지금까지보다는 좀 더 치유받는 일에 집중할 수 있어야 하지요. 그런 측면에서 '이웃'의 역할이 조금 더 필요하고, 유가족들에게 앞으로 겪게 될 심리적 과제들을 전체적으로 조망할 수 있게 해주는 것이 중요하다고 느낍니다. 전체적인 지형 안에서 내가 지금 어디에 있는지 알면 훨씬 잘 대처할 수 있고 상황에 대한 자기통제력을 더 많이 확보할 수 있으니까요.

지금 세월호 유가족들에 대한 치유는 쌍용차 해고노동자나 고문피해자들을 치유했을 때와는 많이 달라요. 세월호는 사고가 나자마자 제가 현장에 간 건데, 고문피해자는 트라우마가 발생한 30년 뒤에 상담을 시작한 거고, 쌍용차 해고노동자들을 돕기 위해 '와락'을 만든 것도 이미 14명의 해고노동자가 목숨을 잃은 뒤였어요. 피해자들이 그전까지 투쟁도 하고 1인시위도 오랫동안 하면서 지쳐가고 있을 때 상담을 권유하면서 치유과정이 시작된 거죠. 그런데 세월호는 펄펄 끓는 상처와 함께 투쟁도 막 시작된 현장에 바로 들어온 거라 피해자 입장에서는 정신이 하나도 없죠. 싸우느라 치유는 뒷전일 수밖에 없는 상황인 거예요. 그러니까 사고 초기에 필요했던 건 상담 자체보다는 이분들에게 트라우마가 무엇인지, 트라우마 때문에 앞으로 내게 어떤 일들이 생겨날 수 있는지, 그런 문제가 왜 일어나는지를 생생하게 알려주고 이해할 수 있게 도와주는 것이라는 판단이 들었어요.

당장의 치료보다 더 중요한 것

진 그러니까 지금의 상황은 개별적인 치료에 매달리기보다는 전체적인 교육이 더 효과적이라는 것이네요.

정 호소하는 증세들에 공통점들이 많은 초기 상태에는 분명히 그렇죠. 요즘 상담실에서 엄마들에게 가장 많이 듣는 말이 '이거 제가 미친년 아닌가요?'라는 질문이에요. 시간이 가면서 자신이 조금 나아지나보다 싶다가도 어느날 완전히 원점으로 돌아가고, 그런 일이 거의 롤러코스터 타듯이 왔다 갔다 반복되니까 '내가 평생 이렇게 살아야 하는 건가, 내가 서서히 미쳐가고 있는 건가', 이런 온갖 생각이 얽혀서 머릿속이 뒤죽박죽인 거예요. 또 어떤 엄마들은 남은 자녀들에게 공연히 서운한 마음이 들고 미워하고 비난하게 되는데 자기도 왜 그러는지 모르겠다고 하소연을 해요. 그런데 그건 사실 여러 엄마들에게 나타나는 공통의 증상이거든요. 그런데 엄마들은 자기만 그런다고 생각해요. 갑자기 생겨난 어떤 증상들을 표현하지 않고 마음에 담고만 있다보면 그 문제에 대한 객관화가 일어날 수 없으니까요. 나타나는 증상들은 한보따리인데 그것에 대해서 누군가와 공유해본 경험이 그 짧은 시간 동안 어떻게 있었겠어요. 온통 혼란뿐이죠. 자기만 홀로 미쳐가는 것 같은 느낌을 갖는 것도 이상한 일이 아니에요.

　　남은 자식을 공연히 미워하게 된다는 점에서는 같지만 이걸 개인의 문제로 받아들이는 것과 많은 엄마들에게 집단적으로 일어나는 일을 나도 겪는 거라고 받아들이는 건 완전히 다르거든요. 그렇게 지금 시기에 집단적으로 나타나는 문제들이 몇가지가 있습니다. 부부간의 문제, 시댁과의 갈등, 아이와의 갈등…… 저도 이런 문제를 그동안은 주로 개인상담이나 집단상담을 통해서 다뤄왔는데, 그럴 게 아니라 더 많은 사람들을 모아놓고 더 공개적으로 이야기하는 쪽으로 달라지고 있는 거죠. 그래서 앞으로는 그런 식의 치유 프로그램을 더 많이 하려고 해요. 한명 한명 따로 상담하는 것보다 하나의 주제를 가지고 그것에 대해서 같이 이야기를 나누면 훨씬 빠르게 정리가 되고 훨씬 더 많은 도움을 받을 수 있을 테니까요.

얼마 전에는 아차 싶었던 게, 어떤 생존학생 엄마가 제게 유가족 어머니를 '○○ 엄마'라고 불러도 되는지 또 물어보는 거예요. 그게 '이웃'에서 만든 조그만 책자(『세월호 트라우마, 이웃이 묻고 정혜신이 답하다』)에 다 나와 있는 내용이거든요. 동사무소에 가도 사람들이 늘 물어보는 질문이 그것이고요. 제가 생존학생 부모들과는 연수원에 있던 5월부터 아이들 때문에 많이 만나고 굉장히 많은 얘기를 했는데도 그런 빈틈이 있었던 거예요. 아차 싶었죠. 연대하는 활동가들이나 '이웃'에 오는 자원봉사자들에게도 미처 다 설명하지 못해서 생기는 문제들이 있을 텐데, 그럴 때 그 책자가 무척 유용하겠다 싶어서 더 많이 배포했어요. 찾아오는 엄마들에게도 드리고, 단원고 선생님들에게도 드리고요. 제가 예전에 병원을 개원했었을 때도 느낀 건데, 환자들에게는 병과 치료과정에 대한 설명만 잘해줘도 큰 도움이 되거든요. 사실 환자들은 병원 여기저기서 학대받는 경험이 많으니까, 친절하게 설명해주기만 해도 너무나 고마워하는 거예요. 사실 슬픈 일이죠. 그래서 그 트라우마 책자도 심리학을 공부해야만 이해할 수 있는 내용이 아니라 트라우마에 대한 아주 기본적인 내용을 쉽게 알려줄 수 있도록 만들었어요. 그걸 잘 활용해서 지역 동사무소 같은 곳에서 강의를 할 때 끝나고 나눠주거나 하면 좋을 것 같아서요.

진 흔히들 마음의 문제는 일단 정서적으로 위로해줘야 한다고 생각하는데, 교육적 접근을 강조하시는 게 새롭습니다. 마음을 뜻하는 한자 '心'이나 라틴어 'cor'는 핵심을 뜻하기도 하죠. 동서양 고대인들이 모두 마음에 대해서 단순히 감정이 일어나는 곳이 아니라 자아의 핵심공간으로 생각했다는 것을 알 수 있어요. 그러니까 우리가 감정적으로 느끼고 몸으로 알고 지성을 사용해 생각하는 것, 이 전부가 모이는 장소가 마음이라는 거죠. 그런 점에서 마음의 문제를 다루는 일은 정서적 보살핌뿐만 아니라 다가올 변화에 대해 알아차리는 지성적 작업이 함께할 때 더 수월해질 수 있다는 선생님의 말씀에 공감이 갑니다. 그랬을 때 더 많은 사람들에게 도움이 될 수도 있겠고요.

정 그렇죠. 우리가 일상적으로 경험하는 것이 트라우마인데 속수무책이거든요. 아무도 마음을 묻지 않고 어떻게 물어야 하는지도 모르고, 내 어려움을 언어화하지도 못하고, 그러니까 도움을 청할 수도 없고 도움을 받을 수도 없는 상황에서 고통만 받는 거죠. 우리나라에 자살자만 한해에 1만 5천명입니다. 1명이 자살하면 자살자의 가족, 친한 친구까지 깊은 상처를 입게 되니까, 그것까지 고려하면 매년 트라우마를 겪는 사람이 수만명씩 양산되고 있는 거죠. 자살뿐 아니라 여러가지 사건 사고들도 있고, 특히 우리나라는 국가폭력의 피해자도 너무 많아요.

예전에 제가 고문피해자 상담을 시작한 초기에 UN이 정한 '고문생존자 지원의 날'인 6월 26일을 기념하는 행사를 '진실의 힘'이란 재단에서 우리나라 처음으로 했었어요. 그 자리에서 제가 고문피해자들이 겪는 PTSD의 양상과 증상들에 대해서 이야기했거든요. 그때 한 고문피해자분이 그걸 듣고는 자기가 지금까지 겪어왔던 것이 무엇인지 알게 되어서 너무 도움을 받았다고 하시는 거예요. 그래서 제가 깜짝 놀랐던 적이 있어요. 그때만 해도 내가 직접 상담을 하고 치유를 해야 도움이 된다고 생각했지, 단순히 지식을 전달하는 것이 도움이 되리라고는 미처 생각하지 못했거든요. 그런데 정말 기본적인 지식을 알기만 해도 그것만으로도 혼돈이 줄고 자신의 고통에 대한 맥을 잡게 돼서 오히려 치유의 홀가분한 시작을 앞당길 수 있다는 걸 알게 됐어요. 많은 경우에는 설명만 잘해줘도 혼돈이 줄어서 불안과 고통이 많이 감소하더라고요. 설명을 잘하는 것도 의술이고 예술인 것 같아요.

'이웃'에서 하는 활동 중에서 '치유밥상'이라고 해서 집밥을 같이 먹는다든지 뜨개질을 한다든지 하는 것은 굳이 상담이나 치료가 아니라 일상의 복원이라는 차원에서 하는 일인데요, 그런 활동들이 좀더 정서적이고 심리적인 것이라면, 그밖에 좀더 교육적인 측면들도 보강되어야 한다는 생각을 점점 더 많이 하게 됩니다. '이웃'에 찾아오는 사람들도 막상 상담실까지 들어오는 데는 시간이 많이 걸리거든요. 유가족들도 처음에는 대부분 주저해요. 그런데 교육을 통해서 접근하면 훨씬 더 편안해질 수 있죠. 개념적인 것을 알면 자기가 겪는 갈등을 좀더 객관적으로 볼 수 있게 되니까 상담의 필요성을 받아들이는 것도 더 수월하고요. 그것이 도움이 필요한 사람들이 저항감 없이 더 쉽게 찾아올 수 있는 방식이라고 생각해요.

진 그렇군요. 적절한 교육은 상담과정을 보완할 수 있을 뿐만 아니라 개인적으로 더 집중적이고 세심한 마음의 탐색이 필요한 분들을 상담자와 연결하는 역할도 할 수 있을 테고요.

정 네, 꼭 상담으로 이어지지 않아도 자기 갈등이 정리되는 것만으로도 굉장히 중요한 일입니다. 안산 지역에 나가서 강의를 할 때도 나오는 질문들이 늘 열가지 안에서 왔다 갔다 하거든요. 그 열가지만 정확히 이해해도 문제의 70, 80퍼센트는 해결되는 것 같아요. 나머지 20, 30퍼센트만 상담으로 해결해야 하는 것이고요. 사실 '이웃'을 처음 시작할 때의 문제의식도 그런 거였어요. '이웃'은 병원 같지 않고 상담실 같지 않잖아요. 트라우마라는 것은 섣불리 상담으로 접근하기보다 트라우마에 대한 이해와 교육이 우선이고, 전체적인 상황에 따라 적절하게 대처를 하다가 나중에 개인적인 이슈들이 개별화되어 나타나면 그때 가서 개별상담을 하면 되는 거죠. 그런데 지금은 정신과의사, 트라우마센터가 전면에 나서서 그들이 겪는 혼돈을 모두 치유적으로 접근하겠다고 하는 상황이니까 현실과는 잘 맞지 않는 부분이 생기는 거예요.

단원고의 세월호 희생학생만 250명이고 그 부모가 500명 정도잖아요. 지금 '이웃'에 오시는 분들이 대략 150~200명 정도거든요. 그것도 제가 보기에는 너무 많은 거예요. 욕심이라는 말이 우습지만, 욕심을 낼 이유가 전혀 없다고 생각해요. 치유는 마음을 급하게 먹을 일이 아니고, 이렇게까지 정신과적인 치유가 필요한 것도 아닙니다. '이웃'에서 하는 일은 그보다 훨씬 포괄적인 거죠. 좀더 안정된 마음으로 상황을 볼 수 있게 하는 교육까지 포함하는 거예요. 그래서 눈앞의 여러가지 문제 중에서 어떤 것부터 해결하고 어떤 것을 천천히 해야 하는지 순서만 정리되어도 좋은 거죠. 그래서 이웃의 모토는 '천천히 오래'예요.

세월호 특별법이 통과된 뒤로 유가족들이 국회에서도 철수하고 청운동에서도 철수하고 광화문만 남았잖아요. 기존의 공간이 없어지니까 유가족들의 불안과 조바심이 커졌죠. 그래도 분향소 앞에 집결지가 있었으니까, 유가족들이 분향소를 활성화시키기 위해서 애를 많이 씁니다. 쌍용차 공장 앞에 '희망텐트촌'이 거점으로 존재하고 심리치료센터 '와락'이 후방에 있었던 것처럼, 분향소가 거점이 되고 '이웃'이나 그밖의 다른 치유센터들이 후방으로서 역할을 하는 모습이 되어야 하는 거죠.

진 우리가 종종 '마음 둘 데가 없다'는 말을 하는데요, 그러니까 국회나 청운동, 광화문, 안산의 합동분향소 등이 단순히 싸움을 치르는 곳일 뿐 아니라 일종의 '마음 둘 데'이기도 한 거군요. 그런 공간들이 계속해서 사라져간다면 심리적 타격이 정말 클 수밖에 없겠어요. 그 마음의 장소를 지키기 위해서 극단적인 선택을 하는 안타까운 일들이 일어날 수도 있고요.

정 네, 싸움의 현장이면서 한편으로는 상징적인 거점이고 심리적인 베이스캠프의 역할도 했던 거죠. 그런데 이런 현장은 늘 여러 복잡한 상황들이 얽히면서 그 공간을 계속 유지하기가 힘든 경우가 자주 발생하죠. 그래서 저는 보다 확고한 거점, 보다 안정적인 방식의 심리적 베이스캠프가 필요하다고 봐요. 즉 현장과 베이스캠프의 구분이 필요한 거예요. 이웃이 그런 역할을 했으면 하는 게 제 바람이고요. 정상 정복하다가 부상당하거나 하면 베이스캠프인 '이웃'에 와서 잘 치료하고 수습하고 다시 나갈 수 있도록 하는 거죠. 당장 너무 억울하고 마음이 급하다고 해서 무작정 전원이 출동할 게 아니라, 1진, 2진으로 나뉘어서 1진이 싸우다 문제가 생기면 2진이 준비를 하고 있다가 나갈 수 있어야 한다는 거예요. 그렇게 싸움과 치유의 작업을 구조적으로 하는 것이 굉장히 중요합니다.

마음을 나누지 못하는 사회

진   싸움과 치유의 동시성이 확보되어야 한다, 이것이 선생님께서 사회적 치유라는 말을 통해 지속적으로 강조하시는 측면인 것 같습니다. 이것은 한쪽에서는 싸움을, 다른 한쪽에서는 치유를 담당하는 구조적 분업이 필요하다는 말씀이기도 하지만, 꼭 그것만을 의미하지는 않는 것으로 느껴지는데요, 사실 어떤 점에서는 마음을 크게 다치지 않고 잘 보살피면서 싸우는 방법, 혹은 좀더 욕심을 내자면 싸우면서 치유하는 방법, 치유하면서 싸우는 방법들도 가능하지 않을까 싶어요.

우리가 감정적으로 느끼고 몸으로 알고
지성을 사용해 생각하는 것,
이 전부가 모이는 장소가 마음인 거죠.

정 네, 제 생각도 같아요. 초기에 유가족들이 여러곳에 간담회를 다니면서 스스로 평가하기에도 아주 치유적인 경험이라고들 했어요. 저도 유가족이 스스로 만든 최고의 치유 프로그램이라고 했고요. 대변인을 통해서 공식적인 발표를 하거나 국회에 가서 앉아 있거나 하는 것도 중요하지만, 이건 무엇보다 유가족 개인이 자기 목소리를 낼 수 있는 거잖아요. 그 목소리를 들으러 수십, 수백명의 사람이 모이고요. 거기 나가서 내 자식이 어떤 자식이었는지, 얼마나 억울한지를 이야기하고 사람들이 들어주니까 그 자체로 치유가 된단 말이에요. 그런데 특별법 때문에 실랑이가 벌어지고 간담회에서도 그런 질문들이 주가 되니까, 민변 변호사나 연대하는 시민운동가들이 대답해야 할 내용을 유가족이 공부하게 되는 거예요. 그러니까 특별법에 대해서 공부한 부모들은 간담회에 가고, 그런 학습에 자신이 없는 부모는 나가지 못하는 일도 더러 생기게 되고요. 자식 잃은 부모의 마음을 절절하게 토로하고 싶어서 간담회를 여는 거고, 또 그 마음에 자기 마음을 포개고 싶어서 오는 사람들이 모이는 자리인데 말이죠. 그러다보니까 일주일에 두차례씩 간담회를 나가던 엄마도 어느날 '내가 지금 뭘 하는 건가' 하는 생각이 몰려와서 몇달 동안 칩거하기도 하는 거예요. 그러다 체중이 몇 킬로그램씩 빠져서 피폐해진 얼굴로 다시 나와요. 아이를 잃은 부모에게는 아이에게 집중할 수 있게 해주는 것이 치유의 본질인데, 도처의 모든 상황들이 내 아이에게 집중하는 것을 막고 있는 거예요.

지금도 여기저기 동분서주하느라 밤 한두시에 집에 들어가는 유가족들이 있습니다. 그래서 그 부모들에게 제가 늘 얘기하죠. 집에 들어오면 꼭 아이 사진을 보면서, 혹은 아이 책상 앞에 앉아서라도 별이 된 내 아이랑 이야기를 하라고요. '아빠가 오늘 무슨 일 때문에 누굴 만나고 왔는데 이런 일이 있었단다.' 그렇게 아이에게 이야기를 해주기 시작하면 아빠로서의 정체성을 잃지 않게 돼요. 그러면 자기가 하루 종일 했던 일이 아이를 중심으로 재구성되거든요. 그렇게 자기 아이에게 집중하는 끈을 놓치면 안됩니다. 끈을 놓치면 열심히 싸우다가도 어느날 갑자기 모든 걸 포기하게 될 수 있어요. 그러니까 어떤 활동을, 어떤 프로그램을 하더라도 아이에 대한 집중을 놓치지 말아야 하는 거예요. 간담회라는 것이 일반 시민들을 설득할 필요도 있지만 무엇보다 유가족에게 좋은 치유적 효과도 있어서 시작한 건데, 하다보니 부모들 스스로가 왜 하는 건지 모르겠다는 상황이 되는 건 문제예요.

간담회에 나간 어떤 엄마가 그래요. 간담회에 가면 같이 나간 국민대책위 활동가들이 시민들에게 약간의 모금을 하기도 하는데, 앞에 나가서 얘기를 하다보면 자기가 마치 써커스단 앞에 나와서 광대 짓을 하는 것 같다는 거예요. 그러면서 '그 사람들도 자기 생계를 해결해야 하니까, 그 돈이 필요하겠죠'라고 하는데, 그러니까 그 돈이 활동가들의 생계비라고 생각한 거죠. 지금 같이 다니는 사람들이 누군지, 어떤 일을 하는 사람이고 왜 이 일을 하는지 모르는 채로 결합해서 다니다보니까 그렇게 오해를 하고 있는 거예요. 그 이야기를 듣고 깜짝 놀랐지만 그분 입장에서는 그렇게 생각할 수도 있겠더라고요. 외부의 적이 너무 거대하니까 급하게 같이 싸우느라고 함께하고 있는 사람들끼리 서로가 누군지도 모르는 채로 여기까지 온 거예요. 그런 기본적인 것들을 확인하고 공유해야 서로 상처를 주고받지 않으면서 함께할 수 있어요. 그걸 건너뛰다보면 왠지 모르게 금방 지치고 스스로 비루한 느낌이 들고 회의가 생기게 되는 거죠. 이건 상담까지 갈 필요도 없는 문제예요.

진 모든 관계와 활동에서 기본적인 것들을 거듭 확인하고 공유하기, 이것이 싸움에 치유의 성격을 부여하고 싸움을 지속시키고 또 싸움에서 제대로 이길 수 있게 하는 힘이라는 말씀이 정말 공감이 되는데요, 왜 이 중요한 사실을 자꾸 잊게 되는지 모르겠어요.

사회적 치유란 정확히 민주주의의 문제와 맞닿아 있다는 생각도 듭니다. 계속 말씀을 들으면서 테리 템페스트 윌리엄스Terry Tempest Williams의 문장을 떠올리게 됩니다. "인간의 마음은 민주주의의 첫번째 집이다. 거기에서 우리는 묻는다. 우리는 공정할 수 있는가? 우리는 너그러울 수 있는가? 우리는 단지 생각만이 아니라 전존재로 경청할 수 있는가? 그리고 의견보다는 관심을 줄 수 있는가?" 우리가 타인에 대해 마음을 쓰고 자기의 마음을 건네는 방식을 근본적으로 고민하면서 사회적인 소통의 방식을 점검하는 일이 민주주의의 시작이라는 말이겠지요.

정　다른 사람과 마음을 나눌 수 있으려면 먼저 자신이 존중받고 주목받아본 경험이 있어야 합니다. 그렇지 않으면 타인의 마음에 대해 질문하는 법을 알지 못하죠. 세월호 유가족 간담회에 와서 질문을 하는 사람들은 특히 더 세월호 사건에 관심을 가지고 있고 유가족들의 고통에 마음 아파하는 분들일 텐데도, 유가족들의 마음에 대해서보다는 세월호 특별법 등과 관련한 일에 대해 질문하는 경우가 더 많은 것 같아요. 마음에 대해서는 질문하는 법을 모르는 거죠. 저는 그것이 질문한 사람도 누군가 자기 삶에 주목해주고 자기 마음을 알아주는 경험을 하지 못했기 때문이라고 생각해요. 자기가 경험하지 못한 것, 알지 못하는 것을 물어볼 수는 없잖아요. 그래서 생기는 문제라고 봐요.

제가 서울시 정신보건사업지원단장을 맡고 있는데요, 재작년부터 '누구에게나 엄마가 필요하다'라는 이름으로 서울 시민을 대상으로 하는 '서울시 힐링 프로젝트'를 진행하고 있거든요. 올해에는 새로운 프로그램으로 노인분이 많이 모여 있는 곳을 찾아가려고 해요. 그동안의 프로그램을 통해서 양성한 치유활동가들이 있는데, 그 사람들이 중심이 되어서, 말하자면 한번에 100여명이 탑골공원에 가서 노인들과 이야기를 하는 거예요. 정치적인 이슈는 전혀 꺼내지 않고 '할아버지, 살아오면서 가장 기억에 남는 일이 뭐였어요? 할머니, 지금껏 '잊을 수 없는 밥상'이 있나요, 있다면 그게 누가 언제 차려준 밥상이었어요? 지금껏 살아오면서 가장 마음이 추웠던 날은 언제였어요?' 이런 질문을 하는 거예요. 그러면 그분들이 본인이 살아온 얘기를 꺼내게 되잖아요. 그러면 잘 들어주고 고개를 끄덕여주고, 가슴 아픈 얘기가 나오면 같이 울어주기도 하고요. 어버이연합 같은 극우노인단체에 대해서 논란이 많지만, 그분들이 그렇게 지속적으로 자기 마음, 자기 삶, 자기 존재를 존중받다보면 약한 사람을 공격하고 상처 주는 일을 조금씩 덜 하게 될 거라 생각해요.

그분들이 극우단체에 가면 유일하게 인정받잖아요. 나라를 위해 수고하신다고도 하고, 정말 필요한 일을 하시는 거라고도 할 거고. 자신의 존재가 그렇게 존중받는 느낌을 어디서 다시 받겠어요? 자기 얘기를 들어주는 사람이 없고 버림받은 것 같다가도 그런 단체에 가면 자기를 알아주니까 그런 거죠. 그분들이 무슨 대단한 명예욕이 있겠어요, 10년 후를 대비해서 투자를 하고 싶겠어요. 그저 자기를 알아주는 게 다라고 생각해요. 그러니까 인간으로서 관심을 가져주는 것이 그분들에게는 치유적인 거예요. 한 인간으로서 자기 존재가 누군가에게 받아들여지고 존중받고 인정받는 경험을 지속적으로 하면 사람이 달라집니다. 거기서 살아갈 수 있는 힘이 나오고, 다른 사람들에 대해서 생각해볼 수 있는 여지가 만들어지는 거예요. 사회적인 의식은 그다음 단계의 일이고, 먼저 그런 활동이 필요하다고 보는 거죠.

저는 '일베'도 그렇고 우리 사회에 자살이 많은 것도 결국 핵심은 주목받고 존중받지 못하기 때문이라고 생각합니다. 아무도 말을 들어주지 않고, 모두 도구화되고 이용당하고 버려지고, 집에서도 학교에서도 공부 못하는 아이는 존중받지 못하고요. 직장에서도 마찬가지죠. 핵심은 우리 사회가 개별적인 존재로서의 한 인간을 존중하고 집중할 줄 아는 사회여야 한다는 거예요. 그게 없으면 정말 지옥 같은 사회인 거죠.

진 신해욱 시인의 「귀」라는 시를 좋아하신다고 들었어요. "귀가 몇개만 더 있으면 정말 좋았을 텐데. /물이 물에 녹는/소리 속에서/오래오래 생각에 잠기고 싶었다."라는 시죠. 자기 마음이 내는 소리야 자기 자신에게는 천둥이 치듯 요란하게 들리는데 다른 사람의 마음이 내는 소리는 잘 안 들리죠. 물이 물에 녹는 소리처럼 거의 들릴 듯 말 듯 퍼지는데, 그런 소리를 들으려면 정말 집중해야 합니다. 우리 각자에게 귀가 몇개씩 더 있으면 좋겠어요. 제대로 듣는 일의 중요성에 대해 듣다보니 왜 그 시구를 특별히 좋아하시는지 알 것 같습니다.

정　얼마 전에 어느 대학에서 세월호 관련 강연을 한 적이 있어요. 그때 맨 앞에 어떤 학생이 앉아 있었는데, 표정이 어딘가 냉소와 비아냥거림으로 가득하고 눈빛도 굉장히 불안정한 거예요. 강의를 시작하면서 질문이 있으면 언제든지 해도 좋다고, 그걸 바탕으로 이야기를 하겠다고 했더니 바로 질문을 하는데, 정확히 기억나진 않지만 무척 '일베'스러운 질문이었어요. 순간 분위기가 싸늘해졌죠. 그래서 제가, 그런 질문이 있을 수는 있지만 오늘은 사람의 마음에 대해서만 이야기할 테니 잘 들어달라고 하고 강의를 시작했어요. 그러면서 중간중간 그 학생과 눈을 마주치면서 유가족들의 마음에 대한 정서적인 얘기를 했어요. 그러다 가슴 아픈 얘기들을 계속 하니까 그 학생이 점점 저를 안정적으로 주시하기 시작하더라고요. 그렇게 강의가 끝나고 질문이 있으면 하라고 했더니 그 학생이, 그러면 유가족에게 어떻게 해줘야 되느냐고 물어보더라고요. 짧은 시간이었지만, '사람 마음'을 이야기하면 결국 통하지 않는 경우가 없다는 것을 새삼 느꼈습니다.

　'와락' 활동을 하면서도 비슷한 생각을 했어요. 제가 이전에 '마인드프리즘'이라는 회사에서 주로 기업의 CEO나 임원들을 대상으로 상담하는 일을 거의 10년간 했잖아요. 그때 만났던 대기업 사장이나 임원들 중에서 제가 하는 활동을 알고 '와락'에 후원을 하는 분들이 많았어요. 지금 '이웃'에도 마찬가지고요. 그분들은 사실 이런 문제에 우호적이라기보다는 오히려 정치적, 사회적으로 반대편에 가까운 가치관으로 살아온 사람들일 수도 있는데, '사람 마음'을 이야기하면 다 통하는 거죠. 그러니까 사람을 귀하게 여기는 풍토가 정말 중요하고, 인간의 개별성에 주목하는 데에 모든 치유의 근원적인 실마리가 있다고 생각하는 거예요.

진 말씀을 들으면서 제 안에 여러 생각이 오가는데요. 물론 아주 극명하게 입장이 갈리는 경제적인 이슈들이 있기는 하죠. 개인적으로 만나보면 선량하고 동정심으로 가득한 사람인데 실제로 회사를 운영하는 기본 방침은 악덕 자본가라고 부를 수밖에 없는 쪽으로 향하는 경영인들도 있고요. 그런 경우 악덕이라는 표현은 개인의 인간적 풍모나 마음에 대한 비판이라기보다 그 사람이 조직이나 사회에서 차지하는 위치가 그런 난폭하고 비인간적인 입장을 대변하는 위치값을 갖고 있다는 뜻일 텐데요, 저는 그 점에서 오히려 선생님 말씀에 깊이 공감하는 것이, 이런 사회구조적 문제들이 개인의 악한 성향에서 기인한다거나, 나아가서 인간이 원래 악마성을 지닌 존재이기 때문에 모든 문제가 생긴다는 식으로 몰아가서는 안되는 것 같아요.

결코 좁힐 수 없는 입장 차이를 만들어내는 사회경제적 문제에 대해서는 불평등한 구조를 바꿔야겠지요. 그렇지만 우리가 겪는 모든 갈등상황이 그런 건 아니거든요. 가령 아까 말씀하신 보수단체의 노인들이나 일베의 경우는 오히려 사회적 약자가 대부분이고, 그래서 더 당황스럽습니다. 사회적 약자 집단이 다른 사회적 약자인 여성들이나 여러 사건의 피해자들을 공격하는 데 앞장서니까요. 그렇다면 거기에는 어떤 마음의 경제가 작용하는지 살펴볼 필요가 있는 거죠. 아무리 계몽을 해도 왜 사람들은 자기를 억압하는 자들을 지지하고 그들을 위해 자신과 비슷하게 난처한 처지의 사람들을 공격할까? 이건 사실 아주 오랫동안 철학자들이나 사회학자들이 고민하며 연구해온 주제이기도 합니다. 그런데 이것이 많은 경우 마음을 나누는 일에 익숙하지 못해서 그렇다고 진단하시는 거네요.

정__ 그렇죠. 마음을 나눈다는 것이 무엇인지 우리가 경험한 바가 없는 거예요. 비판하고 논쟁하고 계몽하는 데만 익숙하기 때문에, 개인의 마음에 집중한다고 하면 그만 머리가 하얘지는 거죠. 어떻게 해야 하는 건지 막막한 거예요.

우리가 그걸 아는 게 중요합니다. 마음을 나눈다는 건 어려운 이야기가 아닙니다. 고도의 정신분석이 필요한 일도 아니고 거기까지 갈 이유도 없는 거예요. 우리가 건강하게 잘 살기 위해서는 프로이트, 융까지 얘기할 필요도 없어요. 지나치게 전문가적인 이야기들은 오히려 공허해지기 쉽습니다.

4
—
거리의
의사

미국 대평원의 눈보라는 달리는 자동차들을 좌우로 흔들고 종종 뒤집어놓을 만큼 거세다. 그 지역 농부들은 눈보라가 몰아치기 시작하면 얼른 뛰어나가 뒷문에서 헛간까지 밧줄을 맨다고 한다. 뒷마당을 헤매다가 집 안으로 들어오는 길을 잃고 자기 집 앞에서 얼어 죽는 사람이 많기 때문이다. 세상이 드세게 눈보라 치는 곳이라는 깨달음은 우리가 글로, 삶으로 이미 깨달은 것이다. 그렇지만 이 비유가 서글픈 것은 우리가 헤매다 얼어 죽는 곳이 대평원도 아니고 산꼭대기도 아니고 그저 집 앞일 뿐이라는 사실 때문이다.

정혜신 선생이 만난 보통 사람들의 고통과 슬픔이 꼭 그렇다. 그들은 모험을 즐기기 위해 험난한 자연으로 떠난 사람도 아니고 또 말로André Malraux나 오든W. H. Auden 같은 작가들처럼 실존의 용기와 신념을 전투적으로 증명하기 위해 내란이 일어난 다른 나라로 달려간 사람들도 아니다. 그냥 헛간을 단속하기 위해 마당으로 나간 착실한 농부들처럼 제 집 근처에서, 제 일터 근처에서 엄청난 눈보라를 만났고, 다시 온전한 마음으로 돌아오지 못한 채 긴긴 시간을 헤매고 또 헤매고 있다. 그 길지 않은 밧줄을 제때 매어 이 얼어붙은 마음들을 어떻게 무사히 귀가시킬 것인가, 이것이 선생과 우리 모두의 고민이다.

상담실에서
거리로

진   선생님과 뵙는 내내 누군가의 목소리를 듣는 일의 소중함에 대해 이야기를 나눴습니다. 그러다보니 자연스럽게 '소명'이라는 단어도 생각나네요. 이 말은 다소간 종교적인 맥락을 띠기도 하고 또 어떤 윤리적인 부담을 주는 말이긴 한데요, 달리 생각해보면 소명vocation이라는 단어의 어원이 목소리voice 니까 사실은 목소리를 듣는 일이 곧 소명인 거죠. 보통은 신의 목소리를 듣고 그 부름에 응답한다는 식으로들 생각하는데, 저는 프레더릭 비크너Frederick Buechner 식의 정의를 좋아합니다. 이 사람이 목사이자 소설가인데요, 비크너는 소명을 마음 깊은 곳에서의 기쁨과 세상의 절실한 요구가 만나는 것이라고 말합니다.

앞서도 말씀하셨지만 선생님은 병원을 개원하기도 하셨죠. 병원 상담실에서도 의사로서 충분히 보람있는 일을 하실 수 있었을 텐데 왜 싸우는 노동자들을 만나고 유가족과 함께하러 거리로 나오셨을까요? 의사로서 어떤 특별한 소명을 느끼시는 지요? 이 소명이 아주 드높은 도덕감과 확신에 찬 결단에서 나온 것일 수도 있겠지만 저는 그런 경지에 대해서는 좀 거리감이 느껴지고요, 저는 그냥 소박하게 선생님 마음 깊은 곳에서의 기뿜이 어떤 계기를 통해 세상의 절실한 요구와 만났는지가 궁금합니다. 그러니까 그 첫 시작이요.

정　말씀하신 대로 고뇌에 찬 대단한 결단이 아니라 아주 우연적인 일이었어요. 2005년에 민주화실천가족운동협의회 민가협와 같이 국가보안법 청문회를 준비하는 일을 하게 된 것이 시작이었죠. 국가보안법으로 인한 인권침해 실태의 사례로 간첩조작사건 피해자들의 정신적 상처를 밝히는 작업이었어요. 최재천 의원, 임종인 의원, 노회찬 의원도 같이 했었죠. 간첩조작사건은 민주화운동을 한 명망가나 운동권이 아니라 그저 어부고 농부였던 사람들이 어느날 갑자기 끌려가서 고문을 받고 사건이 조작돼서 '간첩단 사건'이라고 신문에 대서특필된 거잖아요. 1970, 80년대에 공안정국을 조성하기 위해서 없는 간첩을 만들어냈던 거죠. 그렇게 가족들, 친척들이 모두 대공분실 지하실에 끌려가서 고문을 당하고, 어머니가 고문당하는 소리를 아들이 듣고, 아버지나 장남은 본보기로 사형 집행이 되고요. 그런 끔찍한 사건의 피해자들입니다. 민가협에서 오랫동안 석방운동도 하고, 피해자 가족들과 교도소 앞에서 농성을 하고, 출소해서 나오면 억울함을 호소하기 위해서 인권변호사들을 찾아다니고, 오랜 세월을 그렇게 살아오신 분들이죠. 그동안 민가협에서 간첩조작사건 피해자들과 함께 법적인 투쟁을 벌여왔지만 그것만으로는 한계가 있다고 판단해서 이 사람들의 삶 자체가 얼마나 망가졌는지를 사회적으로 알려나가는 쪽으로 방향을 잡은 거예요. 그때 만난 사람이 민가협 총무이던 송소연씨인데, 이십대 때부터 민가협에서 활동한 분이고 사람에 대한 통찰이 깊은 시민운동가예요. 그분이 제가 예전에 국가폭력과 관련한 칼럼을 몇 번 쓴 걸 보고는 전화를 해와서, 간첩조작사건 피해자들의 심적인 내상을 밝히는 일을 같이 해줄 수 있겠느냐고 한 거예요. 그래서 한다고 그랬죠.

그때 진도간첩단 사건의 피해자인 박동운 선생님을 처음 만났어요. 지금 '진실의 힘' 재단의 이사장이죠. 국가폭력의 피해자이면서 또다른 피해자들을 돕는 일을 하시는 분이에요. 청문회를 통해서 간첩조작사건 피해자들의 삶이 얼마나 망가졌는지, 이 사람들의 마음 상태가 어떤지 사람들에게 알려야 하니까 그분을 만나서 상담을 하기 시작했는데, 처음 만났을 때 생각이 나요. 그분이 검은 왕진가방 같은 것을 가지고 왔는데, 만나자마자 가방에서 묵직한 서류 뭉치를 꺼내더니, '안기부에서는 내가 그때 월북을 해서 누구를 만났다고 하는데 나는 그때 어디에 있었고, 그 확인증이 여기 있고, 증거가 이만큼입니다' 하시는 거예요. 그래서 제가 '선생님, 그건 일단 내려놓으시고, 그것보다 저는 선생님 마음이 어떠셨는지가 궁금해요'라고 하면서 이야기를 시작했어요. 그렇게 만나다보니 이분이 조금씩 나아지는 거예요. 스스로도 그렇게 느끼고요. 그분 삶이 어땠겠어요. 어머니도 동생도 친척들도 고문당하고, 18년 동안 감옥생활을 하고 나와서 부인과 아이들과도 만나지 못하게 되고, 가정이 완전히 파탄난 거예요. 그뒤로 분노조절도 안되고 대인관계에도 어려움이 있어서 외딴 절에 들어가 거의 은둔상태로 살던 분이었거든요. 그런데 상담을 하면서 점점 좋아지는 게 느껴지는 거예요. 송소연 총무도 그때까지 이분들과 싸움의 동지로서만 연대하면서 만나왔는데 상담을 하면서 이분들이 달라지는 모습이 보이니까, 청문회가 끝나면 고문피해자들을 찾아서 치유하고 상담하는 일을 하자고 저랑 의기투합했어요.

그리고 1년 뒤에 상담을 시작했는데, 처음에는 이분들을 찾아가서 상담을 하자고 설득하는 일이 너무 어려웠어요. 이미 수십년이 지났고 삶이 만신창이가 됐는데 이제 와서 그때 일을, 그 악몽을 끄집어내는 게 너무 고통스러운 거죠. 그런다고 얼마나 좋아지겠느냐, 그 얘기를 어떻게 다시 하느냐, 못한다, 하고 거절하는 분들을 간신히 설득해서 처음에 6명을 대상으로 집단상담을 하기 시작했어요. 마침 봉은사에 주지스님으로 계시던 명진 스님이 공간을 내주셔서 시작할 수 있었죠. 빨갱이들이 모여서 뭘 한다고 하는데 누가 공간을 내주겠어요. (웃음) 참 다행스러웠죠. 일주일에 한번씩 민가협에서 차비를 드려가면서 멀리서 올라오셔서 상담을 시작했는데, 처음에는 이분들도 반신

반의했어요. 하도 오라고 조르니까 왔는데 솔직히 기대는 안한 다고 했죠. 그런데 상담을 받다보니 의외로 점점 편안해지잖아 요. 그래서 누이도 데려오고, 사촌도 데려오고, 자녀들도 데려오 고, 또 감옥에 같이 있었던 동지를 찾아서 데려오고, 그렇게 몇 년 동안 상담을 이어갔죠.

그때가 국가폭력 피해자들을 대상으로 한 상담의 시작이 자 병원 밖에서 한 상담의 시작이었죠. 제게는 잊을 수 없는 경 험이에요. 낮에는 온종일 마인드프리즘에서 기업의 CEO들을 만나서 상담하는 일을 하고 저녁 7시부터 10시까지 봉은사에 가 서 상담을 하는데도, 힘들기는커녕 상담이 끝나면 머리가 설명 할 수 없을 정도로 맑아졌어요. 수십년을 고통 속에서 살아온 분 들이 좋아지는 것이 눈에 보이니까요. 상담이 이런 역할을 할 수 있다는 것을 저도 처음 경험한 거죠. 그렇게 진료실 밖에서 상 담을 시작하면서 민가협 활동가들이나 조용환 변호사 같은 인 권변호사들을 만나서 개인적으로도 친해지고 그 세계에 깊숙이 발을 담그게 됐어요. 그때 상담하던 고문피해자들 중에 많은 분 들이 송소연씨와 조용환 변호사의 노력으로 재심 청구를 하기 도 했어요. 그래서 많은 분들이 재심에서 무죄판결을 받았고요. 그런 과정을 곁에서 보면서 저도 많은 걸 얻었어요.

진＿＿ 그분들이 중심이 되어서 만든 인권단체가 말씀하신 '진실의 힘'이죠. 2010년에 설립되어서 고문피해자, 인권침해 피해자들의 치유와 재활을 돕는 일을 해오고 있는 것으로 알고 있습니다. '진실의 힘' 이야기를 들으면 많은 분들이 놀라는 사실 중 하나가 간첩사건에 연루되어 고문을 받은 피해자가 1980년대 말까지도 계속 존재한다는 건데요, '진실의 힘' 이사로 활동하는 분 중에는 1989년에 간첩사건으로 고문받은 경우도 있는 걸 보았습니다. 신체적 폭력에 처해지지 않은 경우라 하더라도 간첩사건에 연루되었거나 수사기관에 끌려갔다 온 사람이라는 낙인 자체가 사회적 차별과 경찰의 감시 속에서 살아가야 하는 엄청난 고통을 주지요. 무죄로 밝혀지더라도 이미 극단적인 상황에 노출되었던 경험 때문에 후유증에 시달릴 수밖에 없고요. 국가가 저지른 가장 극한의 폭력은 아마도 1980년 광주에서 일어났던 것일 텐데요, 2012년에 광주트라우마센터가 처음 만들어질 때도 같이하셨지요? '진실의 힘'에서의 인연으로 참여하시게 된 거고요.

정__ 네, 광주트라우마센터장인 강용주 선생님 자신이 고문피해자이고 '진실의 힘'을 같이 만든 분이에요. 민가협 총무였던 송소연씨의 동지이자 남편이기도 해요. 강용주 선생님은 광주 5·18 당시 고등학생 시민군이었어요. 마지막까지 도청을 지키다가 도청이 함락되는 걸 직접 목격했고요. 그때 자기 영혼이 쨍하고 깨지는 소리를 들었다고 해요. 자기는 거기서 죽었다고요. 그뒤로 학교를 그만두고 집을 나와 1년을 헤매다니다가, 어머니가 눈물로 호소해서 학교로 돌아와 전남대 의대에 들어갔죠. 그러다가 1985년에 구미유학생간첩단 사건으로 잡혀들어가서 고문당하고 14년을 감옥에서 살았어요. 미국도 못 가봤는데, 말도 안되게 잡혀갔던 거죠. (웃음) 감옥에 있을 때 사상전향서만 쓰면 내보내주겠다고 하는 걸 300여일을 단식하면서 끝까지 버텨서 국제앰네스티가 선정한 '최연소 비전향 장기수'가 되었어요. 그 때문에 사상전향서가 준법서약서로 바뀌기도 했고요. 종이 한장만 쓰면 나올 수 있는 걸, 이십대 삼십대를 내내 감옥에서 보내면서 얼마나 갈등이 많았겠어요. 그래서 어떻게 버텼느냐고 물어봤더니, 사람들은 대단하다, 독하다 그러는데 그게 아니래요. 전향서에 싸인을 하면 자기는 살 수가 없었을 거래요. 고등학교 때 같이 도청에 있던 사람들이 다 죽고 자기만 살아남았잖아요. 그래서 스스로를 용서할 수가 없는데, 전향서까지 쓰면 자기는 버러지만도 못한 인간이 된다는 거예요. 그래서 살고 싶어서 안 썼다고 해요. 그분이 고등학교 때 들었던 자기 영혼이 깨어지는 소리가 결국은 생존자 증후군인 거죠. 그래서 거의 마흔살이 되어 감옥에서 나와 다시 전남대 의대에 복학해서 가정의학 전문의가 됐어요. 그때부터 송소연씨와 같이 민가협 일을 많이 했기 때문에 저도 아주 가깝게 지냈어요.

그래서 같이 '진실의 힘'을 만들면서 고문피해자분들을 설득할 때 강용주 선생님의 존재가 굉장히 도움이 되었어요. 최연소 비전향 장기수였으니까, 그 세계에서 아무도 토를 달 수 없는 이력의 소유자인 거예요. 아무리 이러쿵저러쿵해도 그분이 설득하면 사람들이 달리 생각하게 되는 거죠. 그렇게 '진실의 힘'도 같이 만들었고, 그래서 나중에 강용주 선생님이 광주트라우마센터의 센터장이 되어서 제게 도움을 청했을 때 무조건 가서 초반 작업을 같이 했어요. '진실의 힘'과 같이 치유적인 일을 했던 사람이 트라우마센터를 하는 덕분에 광주트라우마센터는 아주 안정적으로 잘 운영되고 있거든요. 그때 광주트라우마센터에서 했던 상담도 무척 좋았어요.

와락,
사회적 상처를 껴안다

진 사실 그때 충분히 좋은 일을 했으니까 이제 본업으로, 제자리로 돌아가실 수도 있었을 것 같은데 오히려 더 멀리 가셨어요. '진실의 힘'이나 광주트라우마센터만 하더라도 좋은 뜻을 가진 분들과 함께하고 도우며 중요한 역할을 하셨다는 느낌이거든요. 그런데 그다음에는 아예 쌍용자동차 공장 근처에 따로 살림을 차리셨죠. (웃음) 심리치유센터의 이름이 '와락'이라니 참 멋진 이름이에요. 쌍용자동차 해고노동자를 '와락' 돕는 일을 하시면서는 어떠셨어요? 이 활동도 부군 되시는 이명수 선생님과 함께 하셨지요.

정__ 이명수 선생은 심리기획자로, 저는 상담의로 함께 했어요. 공장 옆에 살림까지 차린 건 아니었고요. (웃음) 쌍용차 해고노동자들이 자살 등으로 목숨을 잃는 일이 이어지는 것을 보고 무작정 찾아갔던 것도 이전에 했던 '진실의 힘'에서의 경험 때문이 아닐까 싶어요. 이미 한쪽 발을 뗀 상태니까요.
　쌍용차 해고노동자와 그 가족들을 치유하는 일을 하면서는 많은 변화가 있었어요. 처음에는 먼저 해고노동자들과 그 아내들을 대상으로 상담을 했는데, 부모들이 차츰 나아지기 시작하면서는 그 자녀들의 내상이 눈에 보이기 시작했어요. 그런데 아이들의 내상이 너무 끔찍해서, 이걸 치유하려면 씨스템과 시설을 갖춰야 하겠더라고요. 어른들은 시청 회의실 같은 공간을 빌려서 상담을 진행하고, 상담이 끝나면 복도에서 신문지 깔고 밥 먹으면 돼요. 상담은 의자만 있으면 할 수 있거든요. 그런데 아이들은 아무래도 시설이 필요하거든요. 그래서 '와락'을 기획할 때는 이명수 선생이 적극적으로 같이하면서 씨스템을 설계하고 치유적인 환경을 만드는 데 애를 썼어요. 물리적인 시설만

이 아니라 치유적인 분위기를 만들어야 제대로 된 치유가 가능하거든요. 그때는 마인드프리즘을 7년째 운영하고 있을 때라 주말마다 시간을 내서 평택에 갔고, 마인드프리즘 임원 한두명도 팔을 걷어붙이고 자원봉사를 했어요.

　　그렇게 하다가 이명수 선생과 제가 깨달은 게 있어요. 우리가 회사에서 돈을 벌기 위해 아이디어를 내는 것보다 이렇게 사회적 치유에 관한 아이디어를 내는 데 훨씬 재능이 있다는 걸 알게 된 거예요. (웃음) 마인드프리즘을 하면서도 우리는 적극적으로 홍보를 하거나 영업을 해본 적이 없거든요. 그냥 한사람이 도움을 받았다고 하면 그 사람이 다른 사람을 소개해서 데려오는 식이었죠. 이명수 선생도 저도 그런 사업가 기질이 아니고 재능도 없으니까 그런 식으로만 했던 거예요. 그래서 그런지 사람들은 마인드프리즘이 주식회사인 줄 잘 몰라요. 사회적 기업이나 재단인 줄 알지요.

　　그래서 둘이 마인드프리즘을 주식회사가 아니라 다른 공익적인 형태로 만들 수 없을지 심각하게 고민을 했어요. 그래서 회사를 재단으로 전환하려고 적극적으로 방법을 찾고 주주들을 설득했죠. 그런데 그게 무척 복잡한 일이더라고요. 한창 '힐링'이 유행을 타던 때여서 사업적으로 전망이 밝다고들 하니까 주주들도 미련을 못 버리는 경우가 많고요. 공익적인 조직으로 전환하려면 주주의 권리를 포기해야 하는데 쉽지 않죠. 그래서 비록 그때 전환에 성공하지는 못했지만, 마음속으로는 우리 자신에 대해서 분명해지는 계기가 됐어요. 그것도 '와락' 덕분이죠. 그런 고민을 하던 끝에 만난 사람이 카카오톡의 김범수 의장이에요. 김범수 의장은 NHN에 있을 때 NHN 경영진 모두와 함께 제게 심리분석과 상담을 받았고 카카오톡을 설립한 뒤에도 임직원들의 상담과 치유에 적극적이었던 사람인데, 제가 고민을 얘기했더니 자기가 재단 전환을 돕겠다고 했어요. 그러다가 주주들 설득이 쉽지 않자 결국 본인이 회사를 인수하겠다면서, 제게는 하고 싶은 공익적인 일을 마음껏 하면 좋겠다고 하더라고요. 그래서 회사를 완전히 넘길 수 있었어요. 그후로 저는 경영에서 완전히 자유로워졌고 치유자로서만 활동하기 시작했어요.

사실 마인드프리즘에 있던 마지막 1년은 회사 일을 했다기보다 제가 하던 공적인 일들을 마음껏 하는 데 대부분의 시간을 썼어요. 그래도 회사에 적은 두고 있었는데, 세월호 참사가 일어난 뒤로는 그것도 더이상 못하겠더라고요. 그런 과정이 있었어요. 이 일을 하면서 우리도 정리가 된 게 많아요. 우리가 뭘 해야 하는지, 뭘 잘할 수 있는지, 우리 두사람에 대해 '와락' 께 달음이 온 거죠. (웃음)

진__ '와락'에서 만난 쌍용자동차 노동자들은 회사와 싸우는 과정에서 아주 폭력적인 경험을 했죠. 참전군인들이 겪는 정도의 심리적 외상을 입었다는 이야기들도 하고요. 그런데 이 고통이 단지 직장 밖으로 밀려난 사람들만의 문제는 아니라는 점을 이전에도 여러번 강조하셨습니다. 회사에 남은 직원들도 대단히 큰 심리적 외상을 받는다는 말씀이었는데요, 그걸 ADD 증후군이라고 하셨죠?

정　네, 그때가 1998년이었는데, 의식하지는 못했는데 IMF 1주년이 되던 때였어요. IMF 때 구조조정으로 사람들이 대량실직해서 파산하거나 심지어 자살하는 사람들이 많이 생겨났죠. 당시에는 회사에 남은 사람들은 행운아라고들 생각했었는데, 제가 어떤 회사에서 의뢰를 받아 강의를 하기 위해서 가보니 남아 있는 사람들이 전형적인 생존자 증후군을 보이는 거예요. 동료들이 죽어나가는 현장에서 살아남은 사람이 갖는 독특한 징후 같은 것들 말이죠. 그런 징후들이 아주 위험해 보였어요. 그래서 제가 그걸 '대규모 구조조정 이후의 황폐화 증후군'이라고 해서 ADD After Downsizing Desertification Syndrome라는 개념으로 사회적으로 알리기 시작했어요. 구조조정에서 살아남은 사람들은 절대 행운아가 아니라 사지에서 살아남은 사람들에게 나타나는 것과 같은 고통을 겪고 있다고 말이죠. 말하자면 PTSD와 유사한 증상이에요. 처음에는 불안하고 초조하다

• • • • • • • •

우리가 뭘 해야 하는지, 뭘 잘할 수 있는지,
우리 두사람에 대해 '와락' 깨달음이 온 거죠.

가, 그다음에는 살아남아야 한다는 생각 때문에 과도하게 긴장해요. 새벽에는 헬스클럽에 가고, 밤에는 영어학원에 가고, 일도 더 많이 하고요. 그러면서 사람들이 지나치게 긍정적인 모습을 보여요. 심리적으로 '오버'하는 거죠. 그러다가 어떤 계기로 팽팽하던 긴장이 한번 툭 끊어지면 자포자기하고 무기력해지는 양상을 보여요. 그런 증상들을 연구한 결과를 발표해서 사회적으로 많이 알려졌어요. 생각해보면 그것이 사회적인 문제에 대해서 한 첫번째 발언이었죠.

진　선생님께서 ADD 증후군에 대해 쓰신 글을 읽은 적이 있어요. 사무직 직장인들을 대상으로 연구를 진행하셨는데, 정리해고 뒤에 남은 회사원들 10명 가운데 8명이 정신의학적인 문제를 겪고 있다고요. 저는 선생님께서 이것을 2차 세계대전 당시 아우슈비츠에 끌려갔던 정신과의사 빅토어 프랑클Viktor Frankl의 기록과 비교한 부분이 충격적이었어요. 수용소에 끌려간 사람은 처음에는 극도의 공포를 느끼다가 두번째 단계에서는 생존을 위해 초인적인 힘을 발휘하고, 그러다 세번째 단계가 오면 '정신적 무감각'psychic numbness의 상태에 빠져서 인간성이 완전히 파탄에 이르고 살아 돌아온 후에도 온전한 삶을 살아가지 못한다는 것이 프랑클의 증언입니다. 선생님도 직장인들이 겪는 이 세번째 단계를 '갤러리 직장인'이라고 표현하셨어요.

일에 대한 의욕도 없고 직장에 남아 있겠다는 마음도 없어져서 철저한 방관자, 구경꾼이 되어버린 거죠.

그렇게 보면 아우슈비츠처럼 폭력적인 살인이 벌어지는 현장이 아니라도 현대인이 일터에서 쫓겨나면서 겪는 심리적 경험은 확실히 프랑클이 전하는 수용소 경험과 유사한 데가 있다는 생각이 들어요. 수용소에서 살아남는 것은 거의 운에 달린 거니까요. 시인 파울 첼란Paul Celan이 유대인 수용소에서 살아남았는데, 그 이유가 줄을 잘 서서였다고 해요. 이 시인이 수용소에 끌려갔는데 수용자들을 두줄로 세우더래요. 그런데 자기가 서 있는 쪽이 가스실로 가는 쪽인 걸 직감하고 밖으로 나가는 쪽 줄로 빠진 거예요. 그래서 한사람이 모자라니까 이송책임자가 밖으로 나가는 줄의 맨 앞에 서 있던 남자를 불러서 가스실 가는 줄에 다시 세웠대요. 이 운 없는 사람이 첼란 대신 가스실로 간 거죠. 선생님의 연구결과를 보아도 회사에 남은 사람들은 자신이 줄을 잘 섰기 때문에 살아남았다는 식의 생각이 적지 않은 것 같습니다.

그런 측면에서 선생님은 개개인들이 겪는 병리적 수준의 정신적 무감각이 사회적으로 어떻게 형성되고 재생산되는지 알리는 일을 중요하게 생각하시는 것 같아요. 그런데 다른 한편에서는 선생님의 사회적 발언에 대해 부정적으로 생각하는 이들도 있습니다. 의사가 전문가다운 의학적 개입 대신 사회적인 참여에만 열중한다는 식으로요.

정　　사회적인 문제에 대해 관여하고 발언한다고 하면 정신과의사의 입장에서는 섬세하고 깊이 들여다보아야 하는 개인 내면의 문제를 사회적이고 이념적인 옳고 그름의 관점에서 어설프게 접근하는 것으로 받아들일 수 있죠. 그런 시각이 널리 퍼져 있어요. 그런데 그건 정말 막연하고 나이브한 비판이에요. 사회적 치유라는 건 사회적이고 이념적인 주장을 통해서 개인을 설득하는 게 아니거든요. 트라우마라는 것이 사회적인 재난으로 인해서 발생한 것이기 때문에, 사회적인 맥락에서 상처를 입은 개별적인 인간의 마음이라는 관점에서 접근하는 거예요. 본래 외부와의 연결고리가 끊어진 곳에서는 치료가 이루어지지 않아요. 의사가 사회적 맥락에서 발생한 상처라는 인과관계를 인지하고 개인의 개별적인 상처를 보는 것과, 이걸 인지하지 못한 채로 보는 것은 완전히 달라요. 사회적인 요인을 배제하고서는 제대로 된 치유가 이루어질 수 없는 거죠.

　　예전에 김근태 선생님이 고문을 받고 옥고를 치른 일 때문에 병원에 입원을 했어요. 계속 악몽을 꾸고 고통과 수치감을 도저히 견딜 수가 없어서 정신과의사를 찾아간 거죠. 그래서 의사에게 고문을 당할 때 어떤 일이 있었는지 이야기했더니, 의사가 아무것도 모르는 얼굴로 그런 일이 어떻게 있느냐, 그렇게 반

문하더래요. 그래서 그분이 그때 마음을 닫았다고 해요. 그 사람
이 지닌 사회적인 상처를 이해하지 못하면 개인으로서도 제대
로 다가가지 못하는 거예요.

모두 다르지만 같은 고통들

진　고문피해자분들이나 쌍용차 해고노동자, 세월호 유
가족들은 모두 사회적 트라우마를 겪는 사람들이지만 사안이나
사회적인 상황은 조금씩 다릅니다. 그런 차이에서 발생하는 어
려움도 각각 다를 것 같은데요, 활동하면서 어떠셨어요?

정　처음에 쌍용차 해고노동자들을 상담할 때 제게 상
담을 받았던 고문피해자분들도 뒤에 앉아서 상담을 참관하시곤
했어요. 그래서 상담이 끝난 뒤에 이 자리에 고문피해자분들이
와 계시니까 이야기를 들어보자고 하면, 이분들이 우리 젊었을
때랑 똑같다며, 너무나 가슴 아파하면서 눈물을 흘리시는 거예
요. 그러니까 쌍용차 해고노동자들은 그런 이야기가 너무 고맙
고 위로가 되고, 한편으로는 민망해해요. 젊어서 고문을 당하고
수십년 동안 고통에 시달려오신 고문피해자분들이 자신들보다

더 끔찍한 상황이었을 것 같은데, 똑같다고 이야기해주시니까요. 그때 쌍용차 해고노동자 중 한명이 그런 얘기를 했는데, 자기들은 스스로가 제일 바닥이라고 생각했대요. 동료들이 죽어나가고, 아이들이 너무나 힘들어하고, 그런 비참한 와중에 있으니까 이보다 더 내려갈 데가 없다고 생각했는데, 고문피해자분들을 보면서, 죄송한 얘기지만 우리가 바닥이 아니었구나, 하고 느꼈다는 거죠. 그게 그렇게 위로가 됐다고 해요.

그런데 고문피해자분들은 말씀만이 아니라 정말로 그렇게 느끼는 거예요. 그 시대에 '빨갱이'라고 하면 거의 불가촉천민이고 문둥병자처럼 보았잖아요. 쌍용차 해고노동자들도 그랬어요. 예전에는 친척이 쌍용차 다닌다고 하면 자랑스럽게 봤는데, 이제는 빨갱이라면서 왕래도 끊고, 친구들도 이상한 눈으로 보고, 평택 안에서 고립이 된 거예요. 다른 회사에 면접을 봐도 쌍용차 해고노동자라고 하면 무조건 떨어지고.

그 사람들이 77일 동안 옥쇄파업을 하면서 거의 전쟁터와 같은 상황까지 갔어요. 한여름 공장 건물 안에 200명이나 되는 사람들이 갇혀서 물도 끊기고 전기도 끊긴 채로 버텼잖아요. 낮에는 헬기가 날아다니면서 최루액을 뿌려대고, 밤에도 내내 방송을 틀어대고 방패를 바닥에다 찍으면서 위협해서 잠을 잘 수 없게 하고요. 경찰특공대가 언제 밀고 들어올지 모르는 상황인데다, 그 안에 갇혀서 대소변을 다 해결해야 하니 그 더위에

악취가 또 오죽했겠어요. 예민해질 대로´ 예민해진 상태인 거예요. 그곳이 도장공장이라 인화물질이 많이 있었잖아요. 사소한 말싸움만 일어나도 자칫 누가 홧김에 불을 붙이거나 하면 삽시간에 다 죽을 수밖에 없는 상황이니까, 서로가 서로를 감시하면서 완전히 날이 서 있었던 거예요. 그러니까 거의 베트남전쟁 때 피아식별도 어려운 캄캄한 밀림 속에 있는 것과 마찬가지인 거예요. 말 그대로 전쟁터인 거죠. 그 사람들이 그 안에서 겪은 이야기를 들어보면 왜 이 사람들이 죽어갔는지를 알 수밖에 없어요. 그냥 데모하다가 죽은 거 아니냐고 하는데, 26명이나 죽은 건 분명한 이유가 있는 것이거든요.

해고노동자든 고문피해자든 세월호 피해자 가족이든 본질적인 고통은 똑같습니다. 그래서 피해 당사자들은 서로가 서로를 너무나 잘 이해하는 거예요. 다만 다른 점이 있다면 제가 개입한 시점이 다르다는 것뿐이죠. 광주 5·18 피해자나 1980년대 간첩조작사건 피해자들은 제가 30년 만에 만나서 치유를 시작한 거고, 쌍용차 해고노동자들은 2년 뒤에 갔고, 세월호는 사고가 나자마자 간 거니까요. 본질은 같지만 치유가 시작된 시기가 달라서 생기는 차이는 있을 수 있어요.

진　　네, 같은 고통이지만 피해자들이 각각의 단계마다 겪는 고통의 양상에 따라서 선생님께서 함께하시는 고통의 내용들도 여러가지일 듯합니다. 그런 각각의 고통을 겪는 분들을 어떤 마음으로 만나세요?

정 저는 상담에 대해서 공감이라기보다 '심리적 참전'이라고 표현하는데요, 이런 재난의 현장 속으로 들어갈 때는 깊은 공감력을 갖는다는 것만으로는 부족한 것 같아요. 단순히 이해하고 공감하는 차원이 아니라 그 사람들이 겪는 심리적 고통 속에 들어가서 그 사투를 함께해야 하는 거죠.

그러다보면 예를 들어 고문피해자분들을 만났을 때는 세상에 지옥이 있다면 이게 지옥이겠구나 하는 생각이 들다가도, 쌍용차 해고노동자들을 만나서 77일간의 옥쇄파업 때 겪었던 일에 대해 자세하게 심리적으로 참전을 하다보면 이게 가장 고통스러운 현장이라는 느낌이 들어요. 지금 쌍용차의 이창근씨와 김정욱씨가 굴뚝에 올라가 있잖아요. 그런데 또 세월호 피해자 가족들을 만나다보면, '저분들은 그래도 얼어 죽지 않고 버텨서 내려올 수 있지만 세월호 유가족들은 회복이 불가능한 상처를 입었구나' 하는 느낌이 들어요. 세월호 유가족도 그렇고 의문사로 아이를 잃은 부모들도 그렇고, 자식의 죽음이라는 건 그보다 더한 고통이 있을 수가 없어요. 더구나 그것이 억울한 죽음이라면 부모로서는 도저히 견뎌낼 수가 없죠. 어떤 세월호 유가족은 아이가 둘이었는데 둘째아이를 2년 전에 잃고 이번에 첫째

아이를 잃었어요. 졸지에 자식이 다 없어진 거예요. 또 희생학생의 아빠가 얼마 전에 돌아가신 분도 있고, 부모 중에 암환자도 있어요. 갖가지 사연이 있어요. 그런 사연들을 접하면서 심리적으로 참전을 하고 감정이입을 하다보면 세상에 이보다 더한 지옥이 또 없다고 느껴요. 항상 그랬던 것 같아요.

그래서 어느 순간부터는 인터뷰 등에서 이 사람들이 심리적으로 얼마나 고통스러운 상황에 처해 있는지 설명하다보면 마치 매년 올해 독감이 가장 독하다고 하는 것 같은 감정적인 과장이 일어나는 것 같아서 조심하게 돼요. 너무 신파적인 것 같고 감정과잉인 것 같아서, 다르게 표현할 수 없나 고민하게 되고요. 하지만 어쨌든 매번 지옥이에요. 너무 자세하게 들여다보니까 그런 것도 같고요. 사실 어떤 고통도 깊이 알게 되면 늘 지옥인 거죠.

진 말씀만 들으면 선생님이 거리의 의사가 되는 과정에서 매번 행운이 함께했던 것 같은 느낌을 받아요. 의미있고 좋은 만남들이 이어지면서 사회적으로 소중하고 뜻깊은 일들이 저절로 생겨난 것 같거든요. 그런데 사실 선의로 시작한 일이라고 해서 늘 좋은 결과를 가져오는 건 아니죠. 아마 선생님께서도 실패의 경험이 있고 거기서 다시 다른 시작의 움직임을 만들어내지 않으셨을까 짐작합니다.

정　글쎄요, 최근에 현장에서 너무 힘든 고통을 당하는 사람들을 많이 봐서 그런지 금방 떠오르는 실패의 경험이 없는데요, 개인적인 실패는 물론 있었지만 그것 때문에 제가 받는 참담한 기분이라는 건 그분들이 겪은 고통 앞에서는 별로 두드러지지 않으니까 오래 남지 않는 것 같아요. 오히려 실패나 실수를 빨리 교정하는 방법이 있다고 할 수 있어요. 저는 여기 '이웃'에서 하루가 끝나면 꼭 이명수 선생과 둘이 계속 이야기를 하거든요. 유가족 아빠들 중에 직장 때문에 늦은 시간에 찾아오는 분들이 있어서 밤늦게 끝나는 때도 많지만, 그래도 거의 두세시간은 시간을 내요. 그래서 오늘 상담은 어땠는지, 유가족들은 어떻게 느꼈을지, 혹시 불편한 점은 없었는지 등등 모든 일을 늘 공유해요. 혼자 일하는 게 아니라 거의 늘 둘이서 샴쌍둥이처럼 붙어 있기 때문에 실수를 많이 보완할 수 있는 구조인 것 같아요. 저 혼자 하거나 이명수 선생 혼자 하면 어렵고 지치고 실수도 할 수 있는데, 둘이 끊임없이 이야기하면서 그런 점을 보완하는 거예요. 한사람이 아주 몰입해서 일을 하면 다른 한사람은 거리를 조금 두고 지켜보고 있다가 끝나면 같이 정리하는 거죠. 저는 일을 할 때 과하게 빠져드는 편이거든요. 빠져든다는 것은 열정일 수도 있지만 한편으로는 과도해지거나 균형을 잃기 쉽고, 그러다 보면 의도치 않게 반反치유적인 결과를 낳을 수도 있는데, 그런 실수를 늘 견제해주는 사람이 있으니까 지금처럼 크게 혼란스러운 현장에서 움직이면서도 커다란 실수 없이 여기까지 올 수 있었던 것 같아요. 꼭 배우자가 아니더라도 친구나 동료 한두사람과 이런 구조를 만들어낼 수 있다면 지치지 않고 무엇이든 할 수 있다고 생각해요.

정신과의사가 되고 얼마 되지 않았을 때 했던, 실패라기보다는 지금도 뼈저리게 느끼는 실수가 있어요. 의욕이 마구 넘치던 젊은 시절이었는데, 한 이십대 여성을 그해 첫 환자로 배정받아서 정말 열심히 상담했어요. 사례발표를 준비하면서 일주일이면 일곱번을 두세시간씩 상담을 하고, 가족들까지 다 불러서 만나면서 거의 두달을 매달렸어요. 그래서 이 환자의 심리적인 메커니즘에 대해서 자세하게 사례발표를 해서 박수를 받았죠. 그러고는 뿌듯하기도 하고 그만 맥이 풀려서, 그뒤로 한동안 그 환자와 상담을 하지 못했어요. 그런데 어느날 그 환자가 자살을 시도한 거예요. 지금도 생각하면 등골이 오싹해요. 그 환자는 내가 자기에게 온전히 집중한다고 느끼다가 영문도 모른 채 갑자기 내팽개쳐진 거잖아요. 나는 사례발표가 끝나고 녹초가 돼서 그런 거였는데, 그 사람은 그동안 자기가 무슨 말을 잘못했나, 내가 자기 때문에 화가 났나, 이런 생각에 시달리다가 그걸 못 이겨서 자살 시도까지 한 거예요. 그 생각을 하면 지금도 식은땀이 나요. 제가 그 사람을 이용한 거죠. 여러 선생님들 앞에서 내가 얼마나 열심히 일하고 열정이 넘치는지 보여주는 데 취해서 그 사람이 제게 도구로 쓰인 거예요. 전문가로서의 내 욕망 때문에 환자를 대상화한 거죠. 그때는 이런 실수를 피할 수 있도록 함께 살펴주고 부주의를 지적해줄 파트너가 없었던 거예요.

진　그런 파트너가 한사람일 수도 있지만 일군의 사람들이 될 수도 있지 않을까요? 어떤 인간적 규모의 공동체 안에서 함께 대화하고 결정하고 행동하는 사람들 말예요. 파커 J. 파머는 이를 영혼과 역할의 재결합을 위한 '신뢰 써클'circle of trust 이라고도 표현하던데요, 소규모 정치공동체, 종교공동체, 혹은 대안공동체에서 그런 구체적인 사례들을 볼 수 있죠.

정　글쎄요, 이건 개인적인 경험이고 저도 좀더 시도해봐야 하는 일이라 공동체운동에 일반적으로 적용이 가능할지는 모르겠는데, 저는 지금까지 사회적 치유와 관련된 활동을 해오면서 욕망을 버리는 일이 중요하다는 생각을 많이 하게 되었어요.

제가 25년간 상담을 해왔지만 5년 전부터는 상담을 할 때 돈을 받지 않고 있어요. 마인드프리즘에서는 주로 회사의 의뢰를 받아서 심리분석 프로그램을 운영하기 때문에 비용이 많이 들고, 저도 개인적으로 월급을 받으면서 상담을 진행했어요. 그

• • • • • • • •
항상 그랬던 것 같아요. 어쨌든 매번 지옥이에요.
사실 어떤 고통도 깊이 알게 되면 늘 지옥인 거죠.

러다 '진실의 힘'에서 고문피해자분들을 만나고, '와락'을 꾸리고, 거리로 나와서 사람들을 만나고 상담을 하면서부터 저 자신이 정신과의사로서도 더 많이 성장하고 발전한다는 것을 느꼈어요. 그전에 병원에서 상담을 할 때는 제대로 된 상담자로서 활동하기 위해서 따로 돈을 들여 개인 분석을 받고 제 상담 사례에 대해 다시 슈퍼비전을 받았어요. 젊은 시절 제 월급의 3분의 2가 제 개인 상담비로 나갈 정도였어요. 상담하는 사람들이 꼭 거쳐야 하는 과정이니까 시간과 돈을 쏟아부어야 했죠. 전문의가 되고 나서도 5, 6년 동안 제 환자를 상담한 기록을 가지고 선생님에게 가서 슈퍼비전을 받는데, 그때마다 절망스러운 기분이 들었어요. 도대체 내가 언제까지 배워야 혼자서 사람을 볼 수가 있을까 하는 생각 때문에요. 내 환자를 상담한 내용을 가지고 슈퍼비전을 받다보면 또 뭔가 놓친 게 있고 잘못한 게 있고, 계속 지적을 받았어요. 명색이 전문의인데도 그런 혼란이 무척 많았거든요. 그런데 거리에 나와서 사람들을 만나면서는 그런 혼란에 대한 설명할 수 없는 해답을 얻게 되었어요. 제가 의사로서도 굉장히 발전했다고 느끼고요.

그러다 어느날, 내가 이렇게 거리에서 사람들을 만나면서 얻은 소중한 경험이 있는데, 상담가로서 아무나 얻을 수 없는 이 귀한 자산을 돈을 받고 판다면 너무 아깝다는 생각이 드는 거예요. 그래서 앞으로는 상담을 할 때 돈을 안 받겠다고 선언했어요. 그런데 그러면 누구나 상담을 받겠다고 할 테니까, 다른 사람을 돕는 사람은 아무 댓가 없이 돕겠다는 원칙을 세웠죠. 그 사람이 다른 사람을 도왔으니 나도 그 사람을 돕는 차원에서 상담을 하는 거예요. 그렇게 하다보니 그 과정에서 마치 오병이어의 기적처럼 제가 어마어마하게 부자가 된 느낌을 받는 거예요. 실제로 그래요. 제가 치유적인 활동을 위해서 어떤 일을 하고 싶어하면 많은 사람들이 아무 댓가 없이 저를 도와줘요. '와락'을 할 때도 그랬지만 지금 '이웃'의 공간도 그렇고, 여기서 펼치는 일도 그렇고, 부족한 점이 없어요. 제가 하고 싶은 일을 하기 위해서 돈을 벌어야 한다면 시간도 오래 걸리고 정작 하고 싶은 일보다 돈을 벌기 위해서 허덕여야 하잖아요. 그런데 어느 순간부터 그걸 포기하니까 더 많은 것을 얻고 더 원활하게 일할 수 있는 구조가 만들어지는 것 같아서 무척 신기해요.

무슨 신앙간증 같은 말처럼 들리겠지만, 실제로 그런 경험이 계속되다보니 욕망을 버릴수록 부자가 된다는 걸 완전 실감하게 되는 거죠. 이번에 '이웃'을 만들 때도, 진도에서 아이들 시신을 접하다가 당장 내가 할 수 있는 일을 해야겠다는 생각이 들어서 일을 다 접고 안산으로 온 거잖아요. 뒷일 생각할 겨를도 없이 대책 없이 들어온 건데, 얼마 전에 신기하게도 아쇼카재단에서 3년 동안 생활비를 받게 됐어요.

진__ 네, 작년에 아쇼카재단의 펠로우로 선정되셨다고 들었어요. 찾아보니 사회에 혁신적 변화를 가져오는 활동가들을 지원하는 재단이더군요. '아쇼카'는 산스크리트어로 '슬픔 없이'라는 뜻이라는데, 그동안 선생님이 해오신 활동과 참 어울리는 이름이에요.

정__ 그게 참 기가 막힌 일이에요. (웃음) 그냥 대책 없이 왔는데 그런 일이 생기고. 그것뿐 아니라 여기 안산에서도 많은 사람들과 많은 조직이 도와주거든요. 그래서 제가 할 수 있는 일을 마음껏 할 수 있으니까 부자가 된 느낌이 들어요.

제가 서울시에서 하고 있는 '누구에게나 엄마가 필요하다' 프로젝트의 핵심이 시민 치유활동가를 양성하는 작업인데요, 프로그램에 참여해서 치유를 경험한 시민이 또다른 시민들을 대상으로 치유 프로그램을 진행할 수 있는 치유활동가가 되는 구조예요. 그분들이 자기가 치유를 경험하는 6주의 프로그램이 끝나면 직접 프로그램을 진행할 때 진행비 3만원을 받거든요. 한번에 세시간 동안 진행되는 프로그램을 위해서 사전에 참여자들과 소통하고 준비해야 하는 과정이 무척 많고 정신적인 에너지 소모도 엄청난데, 그에 비하면 턱없이 적은 돈이죠. 그런데 그분들이 그 일을 너무나 기꺼이 열정적으로 해요. 그래서 저로서는 어떻게든 예산을 더 확보해서 최소한 한번에 10만원이라도 줄 수 있게 해야 하는 게 아닌가, 장기적으로는 그보다 훨씬 더 줄 수 있어야 하는 게 아닌가 고민하죠. 그런데 한편으로는 그렇게 하면 이 뜨거운 마음이 유지가 될까 하는 우려도 들어요. 진행비를 많이 드리면 생계에도 어느정도 도움이 되겠죠. 그런데 이 프로그램을 생계유지의 수단으로 여기는 사람들이 많아지면 과연 시민 치유활동가 양성이라는 프로그램의 본래 취지가 훼손되지 않고 이어질 수 있을까 싶은 거죠. 제 개인적인 경험으로는 치유와 관련된 일은 개인적인 욕망을 버렸을 때 오히려 더 원활하게 이루어지지만, 이런 가치를 일반화할 수 있을까, 만약 그렇다면 어떻게 가능할까, 이런 질문을 스스로 자주 하게 돼요.

지속 가능한
구조 만들기

진 선생님 말씀을 듣다보니 치유적 가치의 일반화가 무엇을 의미하는지 생각해보게 되네요. 선생님의 말씀은 치유활동가들에게 그 노고에 걸맞은 댓가를 지불할 것인가, 그것을 지불했을 때 어떤 장단점이 따르느냐에 대한 걱정이라기보다는 치유활동을 직업적 영역 안에만 묶어두는 것에 대한 근본적인 의문으로 느껴지거든요. 그러니까 치유적 가치는 하나의 직업으로서 특수한 훈련을 받은 이들이 하는 전문적인 활동 속에서 실현되는 직업적 소명이 아니라 오히려 모든 사람들이 살면서 배워가야 할 삶의 근본적인 경험, 모든 이들의 삶의 소명이라고 보신다는 느낌이에요. 그러니까 노동자로서의 권리를 존중받아야 하고 또 노동의 댓가를 제대로 받아내야 하고 그런 권리를 위해 싸우는 사람들을 도와야 하지만, 그 도우려는 마음 자체는 직업적 전문가 집단만의 가치가 아니라 우리 모두의 가치로 일반화될 수 있어야 하는 것이겠네요.

　　선생님 말씀을 들으면서 또 한가지 궁금해지는 것이 있어요. 제가 얼마 전에 기지촌 여성들의 삶을 기록하는 다큐멘터리 영화감독인 젊은 친구를 만났어요. 그 친구와 세월호에 대해 함께 이야기를 나누는데, 이 친구가 '선생님, 저는 더이상 뜨거운 현장에는 못 가겠어요'라고 하는 거예요. 이 친구는 기지촌 여성들과 함께 생활하려고 미군부대 기지촌을 중심으로 활동하는 공동체에 오랫동안 들어가서 활동을 해왔거든요. 그런데 그 친구가 느끼는 괴로움은, 어떤 현장이 처음에는 굉장히 뜨겁지만 점점 그 열기가 식어가고 사람들의 관심도 떠나가게 되는데, 그럴 때 문제는 하나도 해결되지 않은 채로 자신은 그대로 거기 정체되어 무력하게 남아 있다는 고통을 느낀다는 거예요. 그 현장에 대한 애정이 있어서 쉽게 떠날 수도 없으니 참 괴로운 거죠. 선생님은 '이웃'도 그렇고 이전의 '와락'도 그렇고, 외부에서 지원하는 게 아니라 들어가서 함께하는 방식으로 활동을 해오셨잖아요. 그러면 뜨거웠던 현장이 점점 식어갈 때 그 활동의 동력을 어떻게 얻는지요. 세월호 참사도 사실 그렇게 될까봐 굉장히 두렵거든요.

정 저랑 이명수 선생이 '이웃'에 들어와 있지만 지금도 '와락'은 무척 활발하게 활동하고 있거든요. 실은 우리 둘이 늘 하는 얘기가 '우리는 언젠가는 떠난다'예요. 그건 '와락'도 '이웃'도 마찬가지예요. 제가 여기서 죽을 때까지 살게 되지는 않을 거잖아요. 지금은 이곳에 들어와 있지만 언젠가는 떠나게 되는 것이 현실이고, 그러니 그전까지 우리가 떠나더라도 '이웃'이 지속 가능한 구조를 만드는 것이 우리의 목표예요. 세월호 사고는 희생자 가족뿐 아니라 희생학생 친구, 단원고 교사, 1, 3학년 학생 등 피해자 범위가 너무 넓기 때문에 공동체 전체가 치유적으로 나서지 않으면 안되는 일이거든요. 여기에 들어와서 산다고 해도 제가 혼자서 할 수 있는 일이 아니에요. 애초에 그러려고 한 것도 아니고요.

그래서 지금 제가 가장 중요하게 생각하는 것이 치유활동가를 만들고 지원하는 일이에요. 그래서 지금 서울시에서 진행하는 '누구에게나 엄마가 필요하다' 프로젝트를 안산에서도 시작했어요. 세월호 유가족들을 적극적으로 지원하고 있는 안산 지역의 사회복지사 20명과 일반 시민들 20명을 두 팀으로 나눠서 진행하는데, 장기적으로 이 지역의 치유활동가를 만들기 위한 과정이에요. 또 '이웃'에서도 세월호 유가족들을 돕고 있는 안산의 활동가들을 위한 치유 프로그램을 하고 있고요.

　　지역에서 시민운동을 하는 사람들이나 사회복지사들이 모두 엄청나게 열심히 일해요. 개인생활에 지장이 있을 만큼 헌신적이에요. 그런데 이렇게 해서는 오래 가기 어려워요. 이미 나가떨어지는 사람들이 생기고 있고요. 유가족들을 만나고 그들을 지원하는 데 드는 감정노동이 어마어마하거든요. 유가족들이 처음에 언론과 정부에 너무나 상처를 받고 지쳐서 사람을 믿지 않아요. 도와주고 싶다고 해도 못 믿고 경계하고요. 그러니까 활동가들이 열심히 헌신하면서도 유가족들에게 상처받는 일도 많고 스트레스도 많죠. 그래서 개인생활에도 문제가 생기고요. 삼십대 중반의 여성 사회복지사가 있는데, 매일 유가족을 돌보느라 진이 빠져서 집에 가면 남편이 집안일 때문에 불평을 해요. 그러면 이 사람으로서는 남편의 불만이 유가족의 고통에 비해서 너무 한가한 차원이라는 생각이 드니까 자꾸 남편과 부딪치게 되는 거예요. 그래서 무척 힘들어해요. 그러니 유가족을 돕는 사람들을 돕는 씨스템을 만들지 않으면 유가족들도 지속 가능한 도움을 받기 어려워요. 치유활동가들의 활동을 지원하는 치유적 구조를 아주 단단하게 만들어야 합니다.

치유는 무작정의 헌신과 봉사로는 되지 않아요. 저는 그래도 이런 일을 비교적 오랫동안 해왔기 때문에 스스로를 소진하지 않고 해나갈 수 있어요. 그런데 젊은 사람들은 그렇게 하기 어렵죠. 저도 젊었을 때는 그러지 못했거든요. 그러니 이 사람들에게 희생과 봉사만 강요해서는 안돼요. 이 사람들이 스스로 치유를 경험해야 치유가 무엇인지 알고, 어떻게 해야 사람에게 위로가 되고 도움이 되는지 실감해야 그것을 남에게 전달할 수 있어요. 그러지 않으면 그저 몸으로 때우는 데 불과하고, 그러다보면 자기 자신과 가정이 다 깨지는 거예요. 그래서 이 사람들을 치유하는 프로그램을 운영하고 그걸 통해서 치유의 메커니즘을 습득하게 하는 거예요. 덕분에 이제는 이 프로그램에 참여한 사람들이 스스로 여러가지 치유적인 활동을 벌이고 있고, 또 더 많은 치유활동가들을 배출할 수 있는 역량을 가지게 되었어요.

사실 '와락'도 그렇게 했어요. 그래서 지금은 저희가 상근하지 않아도 아주 열심히 하고 있거든요. '와락'은 제가 직접하는 상담을 그만둔 후에도 '와락 치유단'의 상담가와 치유활동가들이 쌍용차 해고노동자뿐 아니라 밀양 송전탑 현장, 울산 현대차 비정규직노조원 상담에도 일부 참여하고 있어요. 쌍용차 해고노동자들 스스로가 '와락'을 통해서 많은 도움을 받았다고 느끼니까 이제는 다른 이들을 돕는 일에 나설 수 있게 된 거죠.

민주노총에서도 여러 사람들이 개인적으로 '누구에게나 엄마가 필요하다' 프로그램에 참여해보고는 이런 활동의 필요성에 깊이 공감해서 전국 단위로 자체적인 프로그램을 시작했어요. 외부 전문가가 들어가서 진행하는 프로그램이 아니라 스스로의 치유적인 경험을 바탕으로 치유를 전파할 수 있으니까 무척 열심히 해요. 그렇게 소수의 헌신적인 활동가들이 자신을 소진하는 방식이 아니라 공동체가 다 같이 떠받드는 치유의 구조를 만드는 일에 힘을 쏟고 있어요. 제 경험과 노하우를 적극적으로 전수해서 결국 이 사람들이 스스로 해나가게 하고, 그런 뒤에 저는 떠나는 거죠.

진 '간다'라는 단어의 울림이 크네요. 예전에는 활동가들이 현장을 떠난다고 하면 그 말 자체에 도덕적 비난이 들어 있었던 것 같아요. '결국 끝까지 책임지지 않고 떠나는구나, 역시 넌 돌아갈 곳이 있는 사람, 우리와는 다른 사람이었어.' 이런 원망을 종종 듣기도 했고, 또 남겨진 사람들이 꼭 뭐라 하지 않아도 떠나는 사람이 이상한 죄의식 같은 것들을 느꼈죠. 결국 운명공동체가 되려면 거기서 떠나지 말고 영원히 머물러야 한다는 정주민 의식이랄까, 이런 것이 사회운동 하는 사람들에게 많았는데요. 선생님이 이웃의 중요성을 강조하셨기 때문에 아마도 붙박이 정체성 같은 걸 강조하시나보다, 이렇게 쉽게들 생각할 텐데 '가겠다'라고 하시니 참 반전이기도 하거든요. 그런데 '간다'는 말에는 함께한 사람들에 대한 존중감이 들어 있어요. 고통받는 사람들을 아이 취급하지 않는 마음 같은 거요. 아이가 아니니까 늘 따라다닐 필요는 없는 거죠. 치유활동의 중심에 자립능력을 키우는 과정이 놓인 것 같습니다. 여기에 대해서는 나중에 다시 말씀 나누도록 하겠습니다.

5
—
이웃,
치유의
공동체

1906년 미국 쌘프란시스코
에서 지진이 발생해 3천명이 죽고 도시가 초토화되었을 때, 현장에 있
던 작가 메리 오스틴Mary Austin은 많은 시민들이 집은 잃었지만 가정은
잃지 않았다고 말했다. "시민들이 단순히 벽과 가구가 있는 장소 대신
가정이 될 만한 장소와 정신을 발견했기 때문이다." 우리는 세월호 참
사로 아이와 가족을 잃은 사람들 곁에서 고통스럽게 말한다. 가정을 잃
었지만 삶을 잃어선 안된다고. 그러나 냉정히 말해 우리는 가정을 잃은
사람들에게 삶을 이어갈 장소와 정신을 제공하는 대신, 죽은 아이들과
겨우 살아 돌아온 아이들을 참담할 정도로 모욕했으며 사건의 진실을
밝혀달라는 가족의 애원을 묵살했다.

치유공간 '이웃'에 들어섰을 때 내가 처음 느낀 것은 안도감이었다.
유가족이 잠깐이라도 쉬고 그리워하며 삶을 이어갈 장소가 있다는 걸
눈으로 확인했기 때문이다. 그곳은 물속에서 아이들을 데려온 이야기
며 아이 없는 집에 들어가는 기분이며 진실을 밝히려는 과정에 참여하
면서 생기는 새로운 상처와 고민까지 수많은 이야기가 흘러다니는 장
소이다. 그리고 그곳을 삶의 장소로 만들기 위해 많은 이들이 선량한 마
음으로 찾아오고 있었다. 리베카 쏠닛Rebecca Solnit은 이렇게 말했다. "재
난은 그 자체로는 끔찍하지만 때로는 천국으로 들어가는 뒷문이 될 수
있다. 적어도 우리가 되고 싶은 사람이 되고, 우리가 소망하는 일을 하
고, 우리가 형제자매를 보살피는 사람이 되는 천국의 문 말이다."

치유는
공기와 같은 것

진　최근에 정신의학이 발달하면서 트라우마 상황을 겪은 사람들에 대한 다양한 치료법이 개발되었습니다. 정신분석과 같은 장기적인 치료가 단기적인 치료보다 효과적이지 않다는 것을 과학적으로 입증하고 증상을 소멸시키는 데 초점을 맞추는 치료법을 개발하고 있는 추세입니다. 일부 전문가들은 정신의학자가 할 일은 성찰이나 삶의 변화가 아니라 개인이 겪는 고통을 빨리빨리 처리해주는 일이라는 점을 강조하는데요, 치료 영역에서 이 '빨리' '짧게'의 경향은 되도록 적은 비용으로 환자들의 고통을 해결해주려는 전문가들의 선의에서 나온 거라고 볼 수도 있겠죠.

　　사회학자들은 이런 경향을 정신의학의 소비자층을 확대하려는 의도로 보기도 합니다. 너무 과한 비용은 치료를 받으려는 계층을 제한하기 때문에, 정신의학 치료를 대중적으로 확산하려면 치료시간이 길어서도 안되고 치료비도 싸야 하고, 무엇보다 의료보험 처리가 되어야 한다는 거예요. 그런데 의료보험 처리를 하려면 병적 증상이 명확해야 하고 또 효과도 짧은 기간에 측량할 수 있도록 드러나야 하니까 정신의학 전문가들이 단기치료를 선호하는 방향으로 가는 거지 다른 이유는 없다는 겁니다. 이런 식의 사회학적 설명에 대해서는 여러가지 의견이 있을 것 같습니다.

분명한 것은 정신의학의 이런 일반적인 흐름을 생각할 때 '이웃'의 콘셉트가 매우 도드라진다는 점입니다. '이웃'에서는 증상을 완화하는 처치나 트라우마 환자들에게 흔히 사용하는 상담기법 위주로 시간표가 짜여 있지 않은데요, 다른 전문가들의 치료 작업에 대해서 세월호 생존학생들이나 유가족들의 반감이 컸다는 이야기도 조금씩 흘러나오고요.

정　네, 사고 초기에 정부 주도로 상담요원들이 유가족들을 찾아다니면서 상담을 강권하다시피 해서 유가족들이 반감이 많았어요. 그런데 막상 상담을 받으러 가면 상담보다는 약물치료를 더 많이 했고요.

'이웃'은 의료적 접근을 하지 않으려고 무척 노력했습니다. '이웃'의 콘셉트가 '상담실이 있는 마을회관'이거든요. 상담실이 있지만 기본적으로는 마을회관과 같은 곳이에요. 마루에서 같이 밥을 먹고 차를 마시면서 이야기를 나누거나 엄마들이 뜨개질을 할 때 옆에서 재료를 정리해주거나 하면서 이야기를 하는 것, 그런 일들이 중요한 거죠. 형식이나 틀은 오히려 중요하지 않아요. 틀이 없어야 더 자연스럽게 접근할 수 있어요. 당장의 개별적인 상담보다 그런 자연스러운 일상적 토대가 먼저 생겨야 유가족들도 스스로를 돌아보며 상황을 정리할 수 있고, 그래야 치유가 이루어지고 제대로 된 싸움도 할 수 있는 거예요.

여러가지 마사지를 전문으로 하는 분들이 '이웃'에 와서 자원봉사를 해주시는데, 어떤 유가족은 '이웃'에 처음 찾아와서 '여기가 마사지하는 데예요?'라고 물어요. 사무국 직원이 그렇게 물어보면 뭐라고 대답해야 하느냐고 제게 물어보길래, 그냥 맞다고 하면 된다고 했어요. (웃음) 또 마사지를 받으려면 언제 와야 하는지 문의하는 유가족들이 있잖아요. 그래서 사무국에서 시간표를 만드는데, 마사지에도 종류가 많으니까 예를 들어 월요일은 아로마 마사지, 화요일은 경락 마사지, 하는 식으로 안내문을 만들어서 붙여놓으려고 하더라고요. 그래서 제가 그러지 말고 요일마다 몇시부터 마사지를 한다고만 쓰자고 했어요. '이웃'에서 마사지사들에게 도움을 청한 이유가 유가족들의 마음을 보살피기 위해서거든요. 몸이 풀리면 마음도 조금 더 쉽게 풀리기도 하니까요. 유가족들에게 마사지를 해주는 것이 단순히 자세를 교정하거나 뭉친 근육을 풀어주기 위한 게 아니었어요. 그런데 마사지 종류까지 자세하게 써붙여놓으면 마사지숍이나 마찬가지가 되니까 그렇게 쓰면 절대 안된다고 했죠. 아주 사소한 일 같지만 그런 차이가 무척 중요합니다. 그런 차이가 이 공간의 콘셉트를 좌우할 수 있거든요.

말씀드렸지만 많은 유가족들이 비현실감에 빠져 있습니다. 트라우마의 주된 증상 가운데 하나죠. 아이가 이제 없다는 것을 잘 실감하지도 못하고, 내가 내가 아닌 것 같고 세상도 예전의 세상이 아닌 것 같은 이상한 느낌이 드는 거예요. 개념적으로 잘 설명하기는 어렵지만, 그럴 때 몸을 만져주면 현실감이 돌아오거든요. 몸을 통해서 구체적인 감각을 느끼는 것이니까요. 마사지가 필요한 건 그래서예요. 봉사하러 오시는 분들이 경락 마사지, 아로마 마사지, 교정 마사지를 한다고 해서 그렇게 자세히 분류해서는 안되는 이유가 그것 때문이죠. 중요한 것은 그 활동의 의미가 무엇인지를 분명히 알고 그것을 통해서 전체적인 공기를 치유적인 분위기로 만들고 유지하는 것이니까요. 그런 공기가 만들어지면 특별히 무언가를 하지 않아도, 그 공기 안으로 들어오는 것만으로도 사람이 더이상 잘못되는 것을 막을 수 있거든요. 그건 '와락'에서도 많이 경험한 거예요. 치유적인 공기가 만들어지면, 일단 들어오기만 하면 제가 붙잡고 상담을 하지 않아도 안심이 돼요.

진 '이웃'에 와서 보니 유가족들이 소반에 차린 따뜻한 밥을 나눠 먹고 또 뜨개질도 하고, 정말 일상적인 풍경으로 가득해요. 건물 옥상에는 비닐하우스 텃밭이 있어서 키우던 시금치를 따다가 저녁 준비도 하고요. 이런 치유공간은 인문학자들이

나 작가들이 만들었다면 무척 어울릴 것 같은데, 정신과의사의 치유공간이라면 다들 다르게 생각할 수밖에 없거든요. 아마 작은 약제실이 있고 선생님의 다정한 진료를 받고 약물처방을 받은 후에 조금 안정된 모습으로 돌아가는 유가족분들을 상상하는 거죠. 조금 전에 단기적 치료요법에 대해서 이야기를 나눴지만 그것도 일반적인 모습이라고 할 수는 없고 거의 약물요법이 주류죠. 의사들은 약물처방을 주로 하고 상담을 하는 분도 드문 편이라고 들었어요.

주변에 성실하고 진지한 상담자들이 많이 있는데요, 그분들은 사실 커다란 사명감을 가지고 새로 나온 치료기법을 정말 열성적으로 배우러 다니시거든요. 최근에는 트라우마 치료법으로 EMDR Eye Movement Desensitization and Reprocessing, 안구운동 민감소실 및 재처리이 유행이었죠. 프랜신 샤피로Francine Shapiro 박사가 만든 치료법인데, 눈을 빠르게 좌우로 움직이면서 재난 당시의 기억을 떠올리면 고통이 줄어든다는 거예요. 이분이 이걸 공원을 산책하다가 우연히 만들었대요. 이 공간에 대해 잘 모르는 분들은 여기서도 상담과 이런 새로운 치료기술들로 유가족과 생존학생들을 돕고 있겠거니 생각하셨을 텐데요, 그러니까 일종의 병원이기는 한데 집처럼 편안하게 꾸며져 있고 사무적이지 않은 의사 선생님이 다정하게 진료와 처치를 할 거다, 이렇게 상상하는 거죠. 그런데 선생님은 치유적 공기가 중요하고 진단이나 처방이 아니라 일상적인 성찰이 치유활동의 대부분이라고 보시는 것 같습니다.

정　저는 치유라는 것은 무엇을 해야 하는지보다 무엇을 하지 말아야 하는지를 아는 것이 더 중요하고, 그것을 찾고 아는 과정에서 치유에 대한 개념이 분명해진다고 생각해요. 자식을 키울 때도 아이들에게 무얼 해주면 좋을지 찾아다니다보면 자꾸 각론으로 빠지게 되는데, 반대로 부모 역할을 잘하기 위해서는 무엇을 하지 말아야 하는지를 생각하다보면 스스로 자기성찰을 할 수밖에 없고 개념적이고 근본적인 접근을 하게 되거든요.

우리 일상도 그렇죠. 흔히들 더 많이 갖추어야 잘 산다고 생각하지만 실상은 근본적인 결핍이 있거든요. 말하자면 고도비만인데도 의학적으로 영양실조인 경우와 같아요. 칼로리는 과잉되어 있는데 정작 건강에 필요한 영양소는 부족한 거죠. 고도비만인 아이에게 피자를 줄까 치킨을 줄까 초콜릿을 줄까 고민하는 것이 아무런 의미가 없는 것처럼, 일상에 대해서도 무얼 더 해야 할지가 아니라 무엇이 근본인지에 대한 성찰이 필요해요. '이웃'에서 밥을 같이 먹는 것을 '치유밥상'이라고 하는 것도, 다른 게 아니라 일상성의 근본인 밥을 함께 나눈다는 의미예요. 그냥 밥이 아니라 집밥이라는 것이 중요합니다. 예를 들어서 사형수에게 사형 집행 전날 무엇이 먹고 싶으냐고 물으면 어머니가 해주시던 어떤 음식이 먹고 싶다고 하지 5성급 호텔에서 나오는 무슨 요리를 죽기 전에 꼭 먹고 싶다는 경우는 없잖아요. 비싼 요리를 못 먹는다고 결핍이 생기지는 않지만 집밥을 못 먹으면 치명적인 결핍이 생깁니다. 그런 것이 제가 말하는 일상이에요. 삶의 최소한의 기본적인 것, 인간의 생존과 안정감을 위해서 반드시 필요한 것, 그렇지만 심각하게 훼손되어 있는 것. 그런 기본적인 것을 다시 구현함으로써 자기에게 무엇이 결여되어 있는지를 성찰하게 하고 삶의 본질을 다시 생각하게 하는 거죠. 그래야 건강한 삶으로 나아갈 수 있어요.

'이웃'에서 치유밥상을 할 때도 집에서 먹는 것처럼 소반에다 사기그릇을 쓰거든요. 그러면 밥상을 처음 받는 유가족들이 괜히 울컥해요. 그것이 거창하고 화려해서가 아니라 뭔가 원형적인 자극이 되기 때문이에요. 그런 경험이 치유적인 것입니다. 별것도 아닌 밥 하나에 내가 왜 울컥했을까 생각해보게 되는 거예요. 음악치료를 하고 미술치료를 하고 무슨 새로운 기법을 도입하는 건 피자를 줄까 치킨을 줄까 하는 것과 다르지 않아요.

'이웃'에서 뜨개질을 시작한 지 몇달 됐는데요, 뜨개실을 사는 데 드는 비용이 한달에 수백만원이에요. 자원봉사자들이 뜨개질을 해서 유가족에게 선물로 주는 것이 아니라 유가족들이 직접 뜨개질을 하는 거예요. 유가족 엄마들이 이구동성으로

치유적인 공기가 만들어지면
특별히 무언가를 하지 않아도
사람이 더이상 잘못되는 것을 막을 수 있어요.

하는 말이, 자꾸만 아이 생각이 나서 미쳐버릴 것 같은데 뜨개질을 하다보면 집중하느라고 아이 생각이 덜 난다는 거예요. 말하자면 진통제와 같은 거죠. 약은 효과가 있으면 그에 따르는 부작용도 있게 마련인데, 이건 부작용이 전혀 없는 완벽한 진통제인 거예요. 그러니까 엄마들이 무척 전투적으로 뜨개질을 해요. 무료함을 달래기 위해 모여 앉아서 한가롭고 여유롭게 뜨개질을 하는 그런 풍경과는 전혀 달라요. 너무나 맹렬해서 무슨 전차부대 같아요. (웃음) 그렇게 해서 목도리나 워머, 간단한 조끼 같은 것을 만들어서 가족들에게도 주고, 또 계속해서 많이 만들게 되니까 주변에도 선물을 해요. 아이에게 잘해주었던 교회 선생님에게 떠주기도 하고, 아이 친구에게 떠주기도 하고요. 아이를 기억해줘서 고맙다고 유가족이 목도리를 떠주는데, 세상에 그것보다 더 감동적인 선물이 어디 있어요. 그러니까 뜨개질을 매개로 해서 치유적인 관계가 자연발생적으로 이어지는 거지요.

뜨개질을 가르쳐주시는 선생님들이 서울시 치유활동가이기도 하고 '와락'에서도 3년 동안 뜨개질을 가르쳐주셨던 분들이에요. 그분들도 저도 늘 강조하는 것이지만, 기교가 많이 들어가는 뜨개질은 하지 말라고 해요. 기교가 들어간 예쁜 것을 뜨기 시작하면 엄마들이 죄책감을 느끼거든요. 유가족 입장에서는 그럴 수 있어요. 기교가 들어간 걸 뜨다보면 재미있어지잖아요. 그러다보면 내가 지금 뭐하는 건가 싶어지고 불편해지는 거예요. 그러니까 그 경계를 잘 조절해야 합니다. 이건 예쁜 옷을 만들기 위한 뜨개질이 아니라 일종의 명상이고 진통제라는 걸 잊어서는 안돼요. 밥도 마찬가지예요. 거창해지면 불편하게 느낄 수 있어요. 흔히 하는 말처럼 '내가 자식 잡아먹고 여기서 호강하는구나' 이런 느낌이 들어버리는 거예요. 한 인간으로서 따스하게 배려받는다는 느낌, 밖에서는 무수히 상처받아도 여기서는 귀히 여겨진다는 느낌이 중요하지, 지나치면 안됩니다. 그래서 그 수위를 끊임없이 조절해야 해요. 거품이나 군더더기 없이 한 인간으로서의 일상에 주목하게 하는 것, 그것이 중요한 치유적 환경인 거죠. 엄마들이 '이웃'에서 뜨개질을 할 때는 편한데 다른 곳에서 하면 불편하다고 해요. 그 이유가 그런 조절에 있는 거죠. 우리 삶도 그런 정도를 지킬 때 가장 편안하고 담백하고, 본질에서 벗어나지 않고, 그러면서도 단단하고 안정적일 수 있어요. 그 선을 넘어선 것에 현혹되면 전부 군더더기고 거품입니다.

진　저는 일상은 대체로 비루하고 오염된 거라고만 생각해왔는데, 선생님의 말씀을 들으니 마음이 좀 편안해집니다. 그렇죠, 일상을 일상으로 돌리기 위해서는 간단하고 소박해질 필요가 있겠네요. 일상 자체가 어떤 온전성과 치유적인 힘을 지닌다는 말씀이신 것 같아요.

정　네, 심리적인 존재로서의 인간을 구성하는 가장 필수적이고 기초적인 요소가 바로 일상이죠. 다른 것이 아무리 많아도 이것이 결여되면 망가지고 비뚤어지는 거예요. 반대로 다른 것이 없어도 이것만 있으면 얼마든지 안정적이고 빛날 수 있고요.

진　그런 치유적인 일상을 조성하고 유지하기 위해서는 아무래도 의식적인 노력, 일종의 기획 작업이 필요할 것 같아요.

정　'와락' 때부터 이명수 선생과 같이하면서 치유적인 환경을 만들기 위해서 일종의 정교한 심리적 설계를 했어요. 이명수 선생이 주로 하셨죠. 그러면서 '심리기획자'라는 말을 썼는데, 다르게 표현할 말이 없어서 우리가 그렇게 이름 붙인 것이지만 적절한 말인 것 같아요. 정신의학에서는 '치료적 환경'therapeutic milieu이라고도 하고 '환경치료'milieu therapy라고도 하는데, 환자가 접하는 모든 환경이 치료적이어야 한다는 개념이에요. 예를 들어 어떤 아이가 부모와의 관계가 뒤틀려서 심리적인 문제가 발생했다면 아이 혼자 데려다가 수술실에서 수술하듯이 놀이치료니 무슨 치료니 아무리 해봐야 나아지지 않지요. 외부의 병리적인 요소가 그대로 있는데 그걸 변화시키지 않고는 아이를 나아지게 할 수 없거든요. 그래서 외국에서는 아이 뿐 아니라 온 가족을 아파트 같은 곳에 입주시켜서 생활하게 하면서 부모와의 관계 등 환경적인 요소에서 병이 생기는 구조와 메커니즘을 찾아내고 가족을 치료에 적극적으로 참여시키기도 해요. 그것이 확장되면 학교 선생님과 친구들까지 포함할 수 있고, 더 넓게 말하면 사회가 곧 그런 환경인 거죠. 치유적인 공기를 만들어야 한다는 건 그런 얘기예요. 심리적인 것은 모두 인과 관계 안에 있기 때문에, 상처만 들여다볼 것이 아니라 그 관계를 같이 다루지 않으면 해결할 도리가 없어요.

인간은 스스로 온전한 존재입니다

진 말씀을 들으니 선생님의 작업이 우리 공동체에 정말 소중한 활동이라는 생각이 듭니다. 선생님께서 아쇼카재단이 사회혁신기업가에게 주는 지원금을 받으셨다고 해서 그 기준을 살펴보니 실제로는 기업가에게 주는 것이 아니었어요. 사회문제를 해결하는 데 기업가적 저돌성이랄까 모험정신을 발휘한 사람들에게 주어지는 것이고, 그 활동이 사회적 임팩트를 가지되 윤리적인 요소가 있어야 한다는 것이 중요한 선정기준이

더군요. 선생님의 활동방식이 우리 사회의 문제 해결에 중요한 영향력을 발휘하고 있다는 것을 공식적으로 인정받은 것 같습니다. 무엇보다 선생님의 인간적 매력과 윤리적 소신에 기반한 여러 작업들이 새로운 사회적 활력을 만들어내는 귀한 계기가 되고 있다는 느낌을 받았어요.

그런데 이런 모든 활동들이 선생님의 영향권 안에서만 이루어질 수 있는 것은 아닐 것 같아요. 선생님께서 모든 사람을 보살피거나 교감하는 것이 아니라 선생님과 교감한 사람들이 또다른 사람을 바꾸고, 또 그 사람이 또다른 사람을 바꾸는 방식으로 진행되는 것이라면, 그 중간 어디쯤에서 원래 전하려 했던 윤리적인 소신이나 치유공동체에 대한 신념이 공유되지 못하고 사라질 수도 있는 거잖아요. 그러니까 많은 이들이 이런 의문을 가질 것 같습니다. 본의가 상실되지 않는 활동이 가능하려면, 정혜신이라는 한사람의 개인적 역량이나 정치적 신념, 윤리적 올바름을 넘어서 단단한 구조나 전문적이고 체계화된 조직이 있어야 하지 않을까? 저는 '와락'이 선생님과 이명수 선생님 없이 잘 돌아가고 있다는 이야기를 들으면서 참 기뻤습니다. 하지만 이게 그리 쉬운 일은 아닐 것 같아요.

정 말씀하신 것처럼 몇단계를 뛰어넘으면 제가 생각하던 본래의 취지가 없어질 수도 있다고 생각해요. 그럴 수 있죠.

그런데 그건 제 소관이 아니에요. 제가 통제할 수 있는 것도 아니고요. 제가 죽기 직전까지 애를 써서 붙들어둔다고 해도 바로 다음날 사라질 수도 있는 거죠.

이런 비유를 들 수 있을 것 같아요. 어렸을 때 모래더미 위에 막대기를 꽂아놓고 가위바위보를 해서 한움큼씩 떼면서 막대기가 쓰러질 때까지 하는 놀이가 있잖아요. 저는 모든 일에는 그 막대기가 있다고 생각해요. 그 막대기가 치유의 핵심이고 본질인 거죠. 예를 들어 제가 치유 프로그램을 진행하는 것과 선생님이 치유활동가가 되는 과정을 거쳐서 프로그램을 진행하는 건 다르겠죠. 선생님의 프로그램에는 선생님의 색깔이 있을 테니까요. 저는 그래도 좋다고 생각해요. 각자가 각자의 방식으로 모래를 빼더라도 막대기만 쓰러지지 않으면 되는 거니까요. 그 방식이 저와 똑같을 이유가 없고 그래서도 안돼요. 막대기를 넘어뜨리지 않는 한에서는 무엇이든 용납할 수 있다고 생각합니다. 모든 사람이 나와 똑같이 해야 한다는 건 과대망상일 수 있어요. '와락'이 저와 이명수 선생이 없어도 잘되고 있는 건 그 막대기, 치유의 핵심이 잘 서 있기 때문이라고 생각해요.

저는 모든 인간은 치유적 존재이고, 그것이 치유의 핵심이라고 믿습니다. 그래서 치유작업을 하는 동안 제가 하는 일이란 건 결국 그 사람 안에 있는 치유적 요소들, 그 사람이 지닌 온전성, 건강성을 끊임없이 자극하고 스스로 느끼게 해주는 것일 뿐이에요. 그래서 그 과정이 끝나면 '선생님, 너무 고맙습니다'가 아니라 '내가 참 괜찮은 데가 있나봐'라고 할 수 있어야 온전한 치유인 거예요. 거기까지 나아가면 그 사람은 제가 없어도 아무런 지장이 없어요. 자기 안에 있는 힘을 확인하고 그 힘으로 스스로 앞으로 나아가는 거죠. 그러지 못하면 의존적인 관계가 됩니다. 예를 들어서 누군가가 어려운 상황에 처해서 점을 봤는데 점쟁이가 동쪽으로 가라고 해서 그렇게 했더니 일이 너무 잘 풀렸어요. 그러다 살다보면 또 안 좋은 일이 생기니까, 그럴 때마다 또 점집에 가서 이번엔 어느 쪽으로 가야 할지 물어봐야 하는 거예요. 그건 아주 병리적인 의존관계입니다. 치유에서도 조언을 하거나 훈계를 하거나 해석을 하는 기능적인 수준에 머무르면 반드시 그런 관계로 끝나게 되어 있어요. '선생님, 정말 대단하세요. 정말 큰 도움을 받았어요.' 그러다 힘든 일이 있으면 다시 와서 똑같은 과정을 거쳐야 하는 거죠. 이건 스스로 힘을 얻는 게 아니라 의존적인 관계를 유지하는 것에 불과해요.

　'와락'을 할 때도 그런 의존적인 관계를 만들지 않기 위해서 무척 고심했어요. 그래서 해고노동자의 아내들이 스스로 상근자가 되고 대표가 되는 형태를 만들었고요. 지금은 그분들이 자체적으로 활동들을 기획하면서 너무나 잘해나가고 있어요. 만약 제가 모든 사업을 기획하고 진행했다면 상황이 많이 달라졌을 거예요. 얼마 전에 서울시 상담학교 과정에 '와락'의 권

일상의 기본적인 것을 다시 구현함으로써
삶의 본질을 다시 생각하게 하는 거죠.
그래야 건강한 삶으로 나아갈 수 있어요.

지영 대표가 와서 강의를 했거든요. 해고노동자의 아내로서 스스로 '와락'을 하면서 느꼈던 치유적 경험을 정말 생생하게 이야기해주어서 끝나고 기립박수를 받았어요. 그만큼 치유의 메커니즘을 정확히 알고 몸소 구현하는 사람으로 우뚝 선 거예요. 그럴 수 있도록 치유의 경험과 메커니즘을 공유하는 데까지 제가 같이하는 거죠. 거기까지가 정확히 저의 역할이에요. 여기 '이웃'에서도 그렇게 할 거예요. 막대기만 쓰러지지 않으면 저와 이명수 선생이 없어도 전혀 문제가 없으니까요. 사람이 가지고 있는 건강성에 대한 믿음, 모든 인간은 치유적 존재라는 믿음이 있기 때문이에요.

　　치유 프로그램을 같이 진행하는 활동가들이 프로그램이 끝나고 나서 늘 하는 얘기가, 우리가 특별히 한 게 없는데도 잘됐다는 거예요. 그건 우리가 개입하고 설명하거나 특별한 기법을 동원하지 않고도 사람들 안에 있는 치유적 메커니즘이 활발하게 작동할 수 있도록 잘 자극했기 때문이에요. 그러면 그다음부터는 그 사람들이 다 하는 거죠. 그걸 깨닫는 것이 치유의 핵심입니다. 그 핵심을 뺀 나머지 스타일이나 형식은 아무래도 상관없어요.

　　진　한 사람이 안전한 분위기에서 스스로 자신의 이야기를 꺼내고 자신을 바꾸어가는 자발성의 경험이 곧 치유의 공동체를 만드는 토대가 된다는 말씀이시죠. 선생님께서는 치유라고 말씀하셨지만 사실 자기가 자신의 문제를 해결하기 위해 그걸 들여다보고, 또 그걸 다른 사람에게 표현하는 작업은 생생하고 활발한 생명성의 표현이라는 느낌이 듭니다.

정　그렇죠. 그런데 저는 자발성이라기보다는 치유나 온전함이라고 말하는 것을 더 좋아하는 편이에요. 본래 인간이 태어날 때는 더 온전했는데 살면서 여러가지 환경적인 영향을 받아서 비틀리고 상처 입었다는 거죠. 우리가 원래 가지고 있었지만 살면서 잃어버린 그 온전성을 다시 발견하는 것, 또 그럴 수 있는 것이 곧 온전함이고 치유의 핵심이라고 보는 거예요.

진　네. 파커 J. 파머가 지금 선생님이 하신 말씀과 비슷한 이야기를 한 적이 있어요. 파머가 매년 순례여행을 하면서 들르는 숲이 어느해 허리케인 피해를 입어서 2천만그루의 나무가 쓰러졌는데, 그 숲이 폐허가 된 것을 보고는 그 참혹함에 마음이 갈기갈기 찢어지는 것 같아서 그곳을 다시 찾을 수 있을까 싶었다는 거예요. 그런데 그는 해마다 그 폐허를 다시 찾으면서 정말 깊은 감동을 느껴요. 자연이 그 참혹한 파괴를 새로운 성장의 자극제로 쓰는 것을, 또 느리고 끈질기게 그 상처를 치유하는 것을 볼 수 있었다는 거죠. 그는 그것을 보면서 온전함은 곧 완전함이 아니라 오히려 깨어짐을 삶의 피할 수 없는 요소로 받아들이는 것이라는 사실을, 폐허를 생명의 묘판으로 쓰는 온전함을 자연으로부터 배워야 한다는 것을 깨달았다고 고백합니다.

정　제가 공유하고 싶은 온전함의 경험도 그런 것이에요. 그래서 저는 제가 하는 상담 프로그램을 경험하는 분들에게 치유에 대한 이론과 원리, 노하우 등을 아주 자세하게 매뉴얼로도 드리고 교육도 하는 일을 계속하고 있어요. "번져야 사랑이지"라는 장석남 시인의 시(「수묵 정원 9」)처럼, 치유적 공기는 계속 번져야 하니까요. 그래서 치유 프로그램의 기획과 메커니즘을 포함한 모든 것을 공유해서 누구나 다 할 수 있게 만드는 게 목표예요.

'이웃'에 한의사 선생님들이 진료를 하러 오시는데요, 아주 용해요. (웃음) 다른 병원에서는 잘 낫지 않던 몸의 여러가지 병들도 이분들이 진료해주시면 잘 낫고요. 그래서 큰 도움을 받고 있어요. 그분들이 거의 한시간씩 진료를 하는데, 진료 중에 유가족들의 이야기를 들으면서 많이 울기도 해요. 같이 활동하는 한의사 선생님들이 100여명 정도 되는 그룹인데, 같이 마음공부도 열심히 한다고 하더라고요. 한의학의 테두리에만 갇히지 않는 관심과 진정성이 있는 분들이어서, 그분들에게도 제가 트라우마와 치유의 메커니즘에 대해서 열심히 강의하고 있어요. 그런 동기나 계기만 있으면 제가 지금까지 경험한 것들은 어떤 경로로든 얼마든지 공유하고 적극적으로 전달하려고 해요.

이웃 치유자의
힘

진 지난번 대담을 준비하는 동안, 안산에 있는 서울예대에서 강의를 하는 작가들이 안산에만 들어가면 마음이 굉장히 힘들다고 하는 이야기를 많이 들었습니다. 저도 '선생님은 어떻게 안산에 들어오실 생각을 하셨나요'라는 질문을 드리려고 메모를 했었어요. 그랬더니 그걸 본 친한 친구가 '들어간다'는 표현 자체가 어떤 종류의 '게토화'를 만들어낼 수 있는 표현이라며, 안산의 공동체를 복원한다는 이야기를 할 때도 훨씬 더 섬세한 시각으로 접근해야 하지 않겠느냐고 조언을 했어요. 저도 무심결에 그렇게 썼는데, 정말 그런 것 같아요. 세월호 참사는 안산 시민의 문제일 뿐 아니라 우리 전체의 문제인데, 이 관계를 어떻게 풀어가고 어떻게 서로를 배려해야 할까요.

정 여기 이름이 치유공간 '이웃'이잖아요. 이곳에 힘을 보태는 모든 분들이 바로 '이웃 치유자'예요. 저도 이웃 치유자의 한사람으로 여기 있는 거고, 진은영 시인도 이웃 치유자의 한 사람으로 기여를 해주시는 거고요. 전국에서 많은 자원봉사자들이 와서 밥을 차려주고 차를 타주는 등 온갖 일을 해주시는데, 그분들도 모두 이웃 치유자죠. 유가족들에게 과일을 하나 깎아 주거나 물을 가져다주거나 잠깐 어깨를 주물러주거나 하는 소박한 봉사나, 유가족들이 진상규명을 위해 애쓸 때 서명을 하고 잠시라도 도움을 주는 모든 분들이 근원적인 치유자예요.

자원봉사하시는 분 가운데 암 환자분이 있는데, '이웃'에 오시면 늘 화장실 청소부터 시작해서 1층 현관에서 여기까지 다 걸레질을 해요. 그러면서 '내가 이렇게 하는 걸 보면 이 마음이 유가족들에게 전달되지 않겠어요?'라고 하세요. 그렇게 하루 종일 청소하다가 가시거든요. 그러면서 자신도 건강이 많이 좋아지셨다고 해요. 이런 분들이 어마어마한 이웃 치유자인 거죠. 세월호 유가족들의 마음을 추스르게 하는 데는 정신과의사보다 이웃이 할 수 있는 일들이 더 많습니다. 그런 점에서 저는 이런 이웃 치유자들의 존재가 앞으로 안산을 지탱하는 힘이 될 거라고 봐요.

지금은 '이웃'에서 자원봉사를 하겠다는 분이 너무 많아서 하루에 2조로 운영하면서 일주일에 한번씩만 기회를 드려요. 가능한 한 많은 사람이 올 수 있는 기회를 주는 게 더 치유적이라고 생각하는 거죠. 창원에서도 오고 고창에서도 오고 평창에서도 오고, 근처 수원이나 의왕, 서울에서도 많이 와요. 그래서 이명수 선생이나 제가 가장 많이 하는 일이 이 사람들을 유가족에게 소개하는 일이에요. '이분은 어디서 오셨고 어떤 상황인데 여기 와서 이렇게 도우시는 거다' 하고요. 그런 이야기를 나누는 것 자체가 유가족들에게 치유적인 효과가 있어요. 이런 이웃 치유자들의 존재가 유가족들에게는 어떤 메시지가 되는 거죠. 그래서 얼마 전에는 유가족 엄마들끼리, 우리가 나중에 조금 나아지면 봉사단을 만들어서 저분들처럼 남을 도우면서 살았으면 좋겠다는 얘기를 했어요. 이렇게 이웃 치유자들이 자꾸 많아지고 유가족들이 그분들의 존재를 확인하게 될수록 많은 것이 달라져요. 국회 앞에서 절망하고 방송국 앞에서 절망하면서 세상에 희망이 없는 줄로만 알았는데, 자기가 생각하던 세상이 전부가 아니라는 것을 확인하게 되는 거죠.

　　유가족들은 지금 자기가 살던 세상이 모두 깨어진 거잖아요. 자식들 기르면서 가족끼리 편안하고 행복하게 사는 것이 전부인 사람들이었는데, 이게 모조리 무너졌어요. 그러니까 이 세계에서는 이제 살 수가 없는 거죠. 그런데 이 사람들이 이웃 치유자들을 접하고 그들의 마음을 느끼면서 다른 세상으로 진입하는 거예요. 다른 가치와 관계가 만들어지는 거죠. 이 세계는 말할 수 없이 고통스럽고 그건 어떻게 해도 사라지지 않지만, 이 세계를 지탱할 수 있는 또다른 세계가 생기기 때문에 계속 살아갈 수 있는 거죠. 그게 치유입니다. 그러려면 이런 재난을, 트라우마를 입었을 때 주변에 누가 있느냐가 무척 중요해요. 건강한 이웃 치유자들이 많이 있을수록 다른 세계로 더 수월하게 진입할 수가 있어요.

진　다른 세상이 만들어진다는 말씀에 마음이 징처럼 울립니다.

정　이웃 치유자들을 보면서 유가족들이 그런 이야기를 많이 해요. 이웃에 수녀님들이 자주 오시거든요. 성가소비녀회에 소속된 수녀님들인데, '소비녀小婢女'가 '작은 여종'이라는 뜻이에요. 고통받는 사람들과 함께하면서 봉사하는 일에 누구보다 앞장서는 분들이죠. 우리끼리는 그냥 '몸빵 수녀회'라고 하는데, (웃음) 호스피스 봉사도 하시고, 장애인 시설에서 장애인들 대소변을 받아내거나 목욕을 시키는 일도 도맡아 하시고, 길거리에서 미사도 많이 하시고요. 세월호뿐 아니라 쌍용차, 강정, 밀양 등등 여러곳에 달려가서 연대하고 계세요. 세월호 사고 이후에 그 수녀님 몇분이 아예 안산에 집을 얻으셔서 '이웃'에도 자주 오시고 분향소 앞에서 미사도 드리세요. 원래 천주교 신자였던 유가족들이 있지만 사고 후로 성당에 잘 못 갔거든요. 안좋은 일이 있어서가 아니라 사람들을 만나는 것 자체가 불편해지고 이질감이 드니까요. 그래서 분향소에서 따로 미사를 많이 지내요. 또 '이웃'이 정식으로 문을 열기도 전에 찾아오셔서 입주청소하듯이 청소도 말끔하게 해주시고 밑반찬도 마련해주셨고요. 그래서 유가족 중에서 천주교 영세를 받은 분들이 꽤 있어요. 오랫동안 냉담하다가 다시 미사를 보기 시작하는 경우도 많고요. 그것 역시 꼭 종교에 입문한다는 의미라기보다 일종의 다른 세상이 만들어지는 거라고 생각해요. 자신의 고통을 함께 나누는 수녀님들의 존재, 그분들의 연대와 헌신을 접하고 그 안에서 신의 존재를 보는 거죠. 그걸 신이라고 할 수도 있고 다른 세상이라고 할 수도 있는 것 같아요.

다른 세상으로
나아가는 일

진 깨어진 세상을 그대로 복원하는 게 아니라 다른 세상이 있다는 말씀이네요. 그렇게 깨어진 틈 사이로 다른 세계로 불어가는 마음이 온전한 마음이라는 말씀이기도 하고요. 곁에서 함께하는 이웃이 그 새로운 세계로 나가는 열린 창문 같은 존재인 거죠.

더 멀리

뽈 엘뤼아르

창문을 통해서 나가는 거다

갇혀 있는 몸이니 창문을 통해서
가는 거다 다른 세계로 사람들이
아름다움 착함 참됨을
뜨거운 열정을
그리고 행복을 완벽하게 흉내내는 세계로
또한 너의 감옥
짤막한 틈

하지만 이 욕망은 바람의 빛깔을 하고 있다.

정　처음에는 연대하는 시민들을 보면서 '저 사람들은 자기 자식을 잃은 것도 아닌데 어떻게 저렇게 열심히 할까' 생각하는 유가족이 많았어요. 저랑 이명수 선생이 생업을 접고 안산으로 왔다는 것도 무척 이상하게 보였겠죠. 말은 안했지만 무슨 의도로 저러는 걸까 생각했을 수도 있을 것 같아요. 하지만 이곳에서 이웃 치유자들과 함께 있으면서 이런 사람들이 있을 수 있다는 사실을 알게 되는 것도 새로운 세상인 거죠.

어떤 유가족 엄마가 단원고 반 대표인데 간담회도 열심히 다니고 광화문과 청운동에서도 무척 열심히 싸웠던 분이에요. '이웃'에도 자주 나와서 이야기를 많이 하는데, 투쟁 현장에 많이 있다보니까 세상의 무관심함에 대해서 느끼는 답답함을 많이 토로해요. 그래서 그 엄마에게 그런 얘기를 했어요. 쌍용차 해고노동자들을 아느냐, 밀양에서 송전탑 반대 투쟁하시는 할머니들을 아느냐, 우리나라에 고문피해자가 얼마나 많은지 아느냐, 군에서 자식이 의문사를 당해서 10년 동안 냉동고에서 아들 시신을 못 꺼내고 국가와 싸우는 사람이 있는 걸 아느냐. 사실 평범한 사람들이 그런 사회적인 문제에 모두 관심을 가지고 사는 건 아니잖아요. 그러니까 당신도 그런 사람들을 다 알지 못하고 살아왔지 않느냐, 그 사람들도 이루 말할 수 없이 억울한 삶을 살아왔는데, 모든 사람들이 똑같이 알 수는 없는 것 아니냐, 그래도 지금은 그때보다 같이하는 사람이 많지 않으냐, 그런 이야기를 하니까 그 엄마가 이해를 하더라고요. 그렇게 남을 비난하게 되는 마음을 무조건 들어주고 수용해주기만 할 것이 아니라 구조적으로 설명해주는 것도 중요해요. 그러면 자기가 지나온 세월도 새롭게 바라보게 되고, 다른 사람도 이해하게 되고요. 지금 그 사람이 열심히 하고 있는 일이 사실 이 사건이 일어나지 않았더라면 죽을 때까지 하지 않았을 일이잖아요. 그런 걸이해하게 되면 자신에 대한 성찰도 깊이 해볼 수 있게 되고, 지금의 상황도 너그럽게 여유를 가지고 수용할 수 있게 되죠. 그것도 말하자면 다른 세상과의 만남이고 세상을 새롭게 이해하는일인 거예요.

얼마 전에 「목숨」이라는 영화를 봤어요. 호스피스 병동을배경으로 한 다큐멘터리인데, 호스피스 병동에 들어온 사람들은 사실 무의미한 치료를 거부하고 삶의 마지막을 평화롭게 정리하기로 결정한 사람들이잖아요. 그런데 그런 사람들도 지내다보면 생각이 달라지고, 옆에서 사람이 죽어나가는 걸 보면서도 혹시 나는 예외일 수 있지 않을까 하는 희망을 갖게 되는 거예요. 그래서 어떤 환자가 다시 항암치료를 해보면 어떨까 하는말을 꺼내니까, 의사가 잔인할 정도로 아주 단호하게 소용없다고 얘기하더라고요. 그런데 인상적인 건, 당사자가 그 얘기를 듣더니 웃는 거예요. 우리는 흔히 그런 말이 상처가 될 거라고 생각하잖아요. 그래서 알면서도 헛된 희망을 주기도 하고요. 그런데 그 사람은 웃더라고요. 자기도 사실은 불가능하다는 걸 알면서도 헛된 희망을 품었다가, 그런 냉정한 이야기를 듣고는 근본적인 사실을 깨닫게 되는 거죠. 그래서 그 말에 고통스러워하는 것이 아니라 오히려 자기 상황이 정돈되면서 마음이 편해지는 거예요.

트라우마도 마찬가지입니다. 상처를 잘 수습하고 복원해서 이전의 세상으로 돌아갈 수 있는 것이 아닌 거죠. 사실은 본인도 알고 있지만 어떻게든 해보려고 애쓰는 거예요. 몰랐던 이야기를 들으면 충격을 받을 수 있지만, 얘기해보면 그렇지 않거든요. 자기가 신뢰하는 사람이 눈을 마주치면서 찬찬히 잘 얘기해주면 차분하게 받아들이게 되어 있어요. 그러고는 다른 세상을 받아들이고 그리로 나아가는 거죠. 그것이 말기암 환자에게는 죽음이고 죽음 이후의 세상일 수 있지만, 그 과정까지 같이 가는 것이 그 사람에게는 곧 치유인 거예요.

진 물질세계가 망가지면 흔적도 없이 싹 걷어내고 단번에 다시 지을 수 있을 것 같은 느낌이 들지만, 마음은 그런 게 아니죠. 마음의 깨진 부분들은 마음 한켠에 폐허로 남아 있는데 그 면적이 아주 조금씩 줄어든다고 할까요. 그런 측면에서 마음에 대해서는 '완치'라는 단어를 쓰는 게 어색해요. 그 단어가 그렇게 쌀쌀맞게 들릴 수가 없는 거예요.

정　그렇죠. 완치의 개념이 무엇이냐에 따라 다를 텐데, 만약에 암에 걸렸다가 완치가 되었다고 하면 몸속에서 암세포가 완전히 사라져서 이전의 상태로 되돌아가는 걸 말하잖아요. 그런 개념이라면 트라우마에는 적용될 수 없는 거죠. 예를 들어서 당뇨병이나 고혈압의 치료는 완치를 목표로 하지 않거든요. 병을 지닌 채로도 일생을 잘 살아갈 수 있도록 증상을 조절하고 일상생활에 지장이 없게 하는 것이 치료의 목표란 말이죠. 병이 완치되어 약을 완전히 끊는 상태가 되는 것이 목표가 아니어도 사는 데는 지장이 없어요. 정신적인 문제에 있어서도 치료의 궁극적인 목표가 무엇인지에 대해서는 다시 규정할 필요가 있어요. 트라우마라는 건 거의 심장의 반쪽을 들어낸 것 같은, 심리적으로 없어서는 안되는 것을 상실한 상태인데, 그런 점에서 이전의 상태로 돌아가는 완치라는 건 있을 수 없죠.

　　얼마 전에 「님아, 그 강을 건너지 마오」라는 다큐멘터리 영화를 보았어요. 98세인 할아버지와 89세인 할머니의 이야기인데, 무척 인상 깊은 장면이 있었어요. 할아버지가 거의 돌아가실 즈음이 되자 어느날 할머니가 시장에 있는 옷가게에 가서 세 살짜리 내복 세벌이랑 여섯살짜리 내복 세벌을 사요. 점원이 싸이즈를 어떤 걸로 드리느냐고 물으니까 큰 게 좋다고 하시면서. 그걸 보고 손자 손녀들 오래오래 입으라고 사주시나보다 했거든요. 그런데 내복을 사온 할머니가 할아버지 머리맡에서 하시는 말씀이, 할아버지가 먼저 하늘나라에 가면 어려서 죽은 여섯 아이들을 찾아서 그 내복을 입혀주라는 거예요. 이 부부가 아이 열둘을 낳아서 여섯을 일찍 잃었는데, 그 아이들에게 내복 하나 못 사 입혔던 것이 그렇게 미안했다면서요. 할머니가 여든아홉이고 열네살때 결혼을 했으니까 60, 70년 전의 일이잖아요. 그런데도 아이들 이름을 하나하나 부르면서 미안해하는 거예요. 그 장면을 보니 자식이 먼저 죽는다는 것이 어떤 일인지 새삼 실감하게 되었어요.

어떤 세월호 유가족 아빠에게도 그런 이야기를 들었어요. 이 아빠가 아들을 잃고 너무 힘들어하고 있으니까 아흔 된 노모가 국회 농성장을 찾아와서 위로를 했대요. 그러면서 하는 말이, '사실 너한테 얘기 안했는데, 네 큰형이 있었다. 나도 자식을 잃어봐서 네 마음을 안다' 그러시더래요. 이 아빠가 그 이야기를 듣고는 무서운 마음이 들었대요. 어머니가 평생을 저런 마음으로 사셨구나, 어머니가 아직도 저렇게 아프시구나, 나도 평생 저렇게 살아야 하는구나, 그런 생각이 들어서 무서웠다는 거예요. 트라우마란 그렇게 죽을 때까지 안고 살아야 하는 거죠. 완치가 아니라 상처를 조금이라도 다른 형태로 승화시키거나 다른 세상, 다른 가치를 찾아서 그 안에서 새로운 일상을 구축하면서 견디는 정도인 거예요. 다만 그 상처를 어떻게 견딜지, 그걸 돕는 게 치유인 거죠.

진 네, 그렇죠. 그런데도 '치유'라고 하면 사람들이 흔히 완치라는 개념을 떠올리게 되는 것 같습니다.

정 사실 완치라는 게 불가능하다는 사실을 사람들도 모르지 않는데 치유라고 하니까 사기처럼 들리는 거죠. 그래서 처음에는 유가족들 중에서도 거세게 항의하는 사람들이 많았어요. 치유라는 말로 사람들을 현혹해서 모든 문제를 개인의 차원으로 환원시키고 진실규명을 가로막는 게 아니냐는 거죠. 그런 오해를 막기 위해서 굉장히 많은 논쟁을 했어요.

진 네, 치유라는 말이 진실의 무덤이 되는 방식으로 쓰여서는 안되겠지요. 무덤이라면 아마 고통의 무덤이 되어야 할 것 같아요. 고통을 제대로 묻어주지 않으면 부패해서 마음을 통 못쓰게 만드니까요. 저는 이웃 치유자들이 결국 그 무거운 고통을 고이 업어다 잘 묻어주고 정성껏 봉분도 만들어주고, 이것이 누구의 고통인지 묘비명도 절절하게 고민해주는 일을 함께 하는 사람들인 것 같습니다. 진실규명이 중요한 것도 결국 그런 마음의 장지로 가는 길을 세상에 내는 일이기 때문이겠지요.

6
—
예술과
치유

호프트Hooft라는 네덜란드 시인은 사랑했던 연인을 잃은 뒤 비문을 쓰면서 첫줄은 네덜란드어로, 다음은 라틴어로, 그다음은 프랑스어, 이탈리아어, 다시 라틴어, 이탈리아어, 마지막으로 다시금 네덜란드어로 썼다고 한다. 얼핏 듣기에는 슬픔을 제대로 말하고 감정을 드러내는 데는 역시 모국어가 최고라는 것을 보여주는 일화이다. 그러나 이 이야기를 전하면서 철학자 앙뚜안 베르만Antoine Berman은 "자신의 글을 수많은 다른 언어로 번역하는 과정을 거쳐야만" 모국어로 자기 슬픔을 가장 잘 표현할 수 있다는 사실이 중요하다고 말한다. 사랑하는 사람을 잃었는데 표현하는 게 뭐 그리 중요할까? 잘 표현한다고 사랑하는 사람이 돌아올 수 있을까? 그렇다, 돌아오지 못한다. 아니다, 돌아온다. 우리가 그 사람을 그리워하며 그 사람에 대해서 하는 표현들은 사랑하는 이의 사라진 몸에 다시 새로운 몸을 주는 것과 같다. 시인이 매우 편안한 말로, 매우 오래된 말로, 또는 매우 화려한 말로 사랑하는 사람의 비문을 쓰며 그 사람을 기리는 이유이다. 여러가지 말로 표현된 슬픔 속에서 우리는 사라진 사람이 우리에게 돌아오는 것을 느낀다. 물론 우리가 배울 수 있는 외국어는 몇가지 안된다. 그러나 우리는 외국어 대신 예술의 언어를 사용해 수없이 많은 다른 방식으로 잃어버린 사람을 다시 부르고 되찾을 수 있다. 그렇게 부르며 기억하는 과정에서 우리는 우리가 사랑했던 사람에게 가장 어울리는 새 얼굴과 아름다운 몸을 준다.

그날 이후

아빠 미안

2킬로그램 조금 넘게, 너무 조그맣게 태어나서 미안

스무살도 못 되게, 너무 조금 곁에 머물러서 미안

엄마 미안

밤에 학원 갈 때 핸드폰 충전 안해놓고 걱정시켜 미안

이번에 배에서 돌아올 때도 일주일이나 연락 못해서 미안

할머니, 지나간 세월의 눈물을 합한 것보다 더 많은 눈물을 흘
리게 해서 미안

할머니랑 함께 부침개를 부치며

나의 삶이 노릇노릇 따듯하고 부드럽게 익어가는 걸 보여주지
못해서 미안

아빠 엄마 미안

아빠의 지친 머리 위로 비가 눈물처럼 내리게 해서 미안

아빠, 자꾸만 바람이 서글픈 속삭임으로 불게 해서 미안

엄마, 가을의 모든 빛깔이 다 어울리는 엄마에게 검은 셔츠를 계속 입게 해서 미안

엄마, 여기에도 아빠의 넓은 등처럼 나를 업어주는 포근한 구름이 있어

여기에도 친구들이 달아준 리본처럼 구름 사이에서 햇빛이 따듯하게 펄럭이고

여기에도 똑같이 주홍 해가 저물어

엄마 아빠가 기억의 두 기둥 사이에 매달아놓은 해먹이 있어

그 해먹에 누워 또 한숨을 자고 나면

여전히 나는 볼이 통통하고 얌전한 귀 뒤로 머리카락을 쓸어넘기는 아이

제일 큰 슬픔의 대가족들 사이에서도 힘을 내는 씩씩한 엄마 아빠의 아이

아빠, 여기에는 친구들도 있어

이렇게 말해주는 친구들도 있어

"쌍꺼풀 없이 고요하게 둥그레지는 눈매가 넌 참 예뻐"
"너는 어쩌면 그리 목소리가 곱니,
어쩌면 생머리가 물 위의 별빛처럼 그리 빛나니"

아빠! 엄마! 벚꽃 지는 벤치에 앉아 내가 친구들과 부르던 노래 기억나?
나는 기타를 잘 치는 소년과 노래를 잘 부르는 소녀들과 있어
음악을 만지는 것처럼 부드러운 털을 가진 고양이들과 있어
내가 좋아하는 엄마의 밤길 마중과 내 분홍색 손거울과 함께 있어
거울에 담긴 열일곱살, 맑은 내 얼굴과 함께, 여기 사이좋게 있어

아빠, 내가 애들과 노느라 꿈속에 자주 못 가도 슬퍼하지 마
아빠, 새벽 세시에 안 자고 일어나 내 사진 자꾸 보지 마
아빠, 내가 여기 친구들이 더 좋아져도 삐치지 마

엄마, 아빠 삐치면 나 대신 꼭 안아줘

하은언니, 엄마 슬퍼하면 나 대신 꼭 안아줘

성은아, 언니 슬퍼하면 네가 좋아하는 레모네이드를 타줘

지은아, 성은이가 슬퍼하면 나 대신 노래 불러줘

아빠, 지은이가 슬퍼하면 나 대신 두둥실 업어줘

이모, 엄마 아빠의 지친 어깨를 꼭 감싸줘

친구들아, 우리 가족의 눈물을 닦아줘

나의 쌍둥이 하은언니 고마워

나와 함께 손잡고 세상에 와줘서 정말 고마워

나는 여기서, 언니는 거기서 엄마 아빠 동생들을 지키자

나는 언니가 행복한 시간만큼 똑같이 행복하고

나는 언니가 사랑받는 시간만큼 똑같이 사랑받게 될 거야,

그니까 언니 알지?

아빠 아빠

나는 슬픔의 큰 홍수 뒤에 뜨는 무지개 같은 아이

하늘에서 제일 멋진 이름을 가진 아이로 만들어줘 고마워

엄마 엄마

내가 부르고 싶은 노래들 중 가장 맑은 노래

진실을 밝히는 노래를 함께 불러줘 고마워

엄마 아빠, 그날 이후에도 더 많이 사랑해줘 고마워

엄마 아빠, 아프게 사랑해줘 고마워

엄마 아빠, 나를 위해 걷고, 나를 위해 굶고, 나를 위해 외치고

싸우고

나는 세상에서 가장 성실하고 정직한 엄마 아빠로 살려는 두사

람의 아이 예은이야

나는 그날 이후에도 영원히 사랑받는 아이, 우리 모두의 예은이

오늘은 나의 생일이야

(예은이가 불러주고 진은영 시인이 받아적다)

* 유예은은 4·16 세월호 참사로 희생된 단원고 2학년 3반 학생입니다. 10월 15일, 이명수, 정혜신 선생님이 계신 안산의 치유공간 '이웃'에 예은이 부모님과 자매들, 그리고 친구들이 모여 아이의 열일곱번째 생일 모임을 했습니다. 그날은 쌍둥이 언니 하은이의 생일이기도 했습니다. 생일 모임에 참석하지 못한 예은이를 대신하여 진은영 시인이 예은이의 이야기를 전했습니다.

아이들의 목소리로

쓴 시

진   단원고 희생자 유예은 학생의 열일곱살 생일이 지난 10월 15일이었죠. 선생님께서 제게 '이웃'에서 열리는 예은이 생일 치유모임에서 예은이가 가족과 친구들에게 전하는 말을 시로 써달라고 요청하셨어요. 세상 떠난 아이의 마음에 내가 과연 다가갈 수 있을까, 자신의 삶보다 더 소중했던 아이를 잃은 부모 마음을 어떤 언어의 결로 어루만질 수 있을까 도무지 자신이 없어 몇시간을 고민했습니다. 그런데 예은이의 마음과 목소리를 담기 위해서 예은이 아빠 유경근씨의 페이스북도 열심히 기웃거리고 예은이가 친구들과 봄날 벚꽃 아래서 노래 부르던 동영상이나 해질녘 해먹에 누워 있는 사진을 오랜 시간 물끄러미 바라보며 지낸 일주일이 저에게는 참 특별하고 치유적이었어요. 그렇게 시를 쓰고 난 뒤에는 그 아이의 도움과 지원을 받아 넝마처럼 너덜거리는 세상을 조금씩 매만지고 고쳐볼 수 있을 것 같은 용기가 생겼어요.

정   예은이 생일 치유모임의 마지막 순서로 진은영 시인이 써주신 시를 읽었는데, 말할 수 없이 치유적인 경험이었어요. 정말 감사해요. 그날 예은이 가족들과 친구들, 교회 선생님들이 다 모였는데, 예은이와 있었던 재미난 에피소드를 영상으로 만들어 오기도 하고 편지도 써왔어요. 그걸 같이 보고, 벽에 걸린 「봄소풍」 그림도 보면서 이야기도 하고요. 그림 속에서 예은이가 어디에 있는 것 같으냐고 하니까 예은이 동생이 한 아이를 가리켜요. 왜 그런 것 같으냐고 하니까 제일 빛나서 그렇대요. (웃음) 그런 얘기도 하고, 마지막에는 시를 스크린에 띄워놓고 다 같이 읽었어요. 엄마 아빠는 차마 못 읽어요. 그래서 예은이를 대신해서 예은이 목소리를 들려드리자고 하면서 읽어드렸어요. 저희가 시 맨 끝에 '예은이가 불러주고 진은영 시인이 받아적다'라고 써서 읽었거든요. 정말로 그런 느낌이 들었어요. 언니랑 동생은 들어올 때부터 울면서 들어왔는데, 시 읽을 때 같이 울고는 많이 편안해졌어요. 그러고는 같이 밥 먹을 때는 웃기도 하고요. 정말 그날은 시가 다 치유했어요.

진　시를 그렇게 긴장하고 받아적기는 처음이었습니다. 어린 시절에 누가 쓰던 노트만 얻어쓰다가 너무 예쁜 노트를 처음으로 선물받으면 그렇잖아요. 그 무섭게 새하얀 첫 장에 뭔가 쓰려면 굉장히 떨리죠. 절대 망치면 안될 것 같은 기분이 들기도 하고요. 저도 그랬지만 다른 시인들도 뭔가 굉장히 두려워하면서 쓰는 것 같아요. 아마 아이의 부모님, 형제들의 마음에 바로 시구를 새겨넣는 것 같아서 그런 것 같습니다. 생일 모임을 계속 이어가실 예정이시죠?

정 네. 계속 시를 중심으로 생일 모임을 진행하고 있어요. 위로의 말씀, 부모님 말씀 같은 건 별로 의미가 없거든요. 부모님들도 이야기하기 어려워하고. 그래서 좋은 시가 필요해요. 처음 중근이 생일 모임을 준비할 때 마침 김선우 시인을 만나서 시를 부탁했거든요. 그렇게 해서 시작하게 됐는데, 앞으로도 계속 부탁드려야죠. 또 맛있는 생일상. 그 아이가 좋아했던 음식을 많이 차려요. 그러면 아이 이야기를 많이 할 수 있거든요. 친구든 가족이든, 아이 이야기를 충분히 하면 할수록 훨씬 편안해지니까요. 그래서 상다리가 부러지도록 차려요. (웃음)

생일 모임은 단순히 아이들 생일잔치가 아니라 치유의 한 과정이에요. 희생학생 부모에게는 아이의 생일이라는 고비를 넘기는 게 너무 힘든 일이고 커다란 장애물이거든요. 그래서 생일 모임을 치유 프로그램의 일환으로 기획해서 그 고비를 같이 넘어가는 거죠. 물론 생일을 가족끼리만 지내고 싶어하는 부모도 있고, 차마 하지 못하겠다는 부모도 있어요. 그래서 원하는 분들만 진행하는데, 그래도 시간이 지날수록 생일 모임이 늘고 있어요. 생일시도 부모님 부담만 덜하다면 더 많은 분들이 읽을 수 있게 하고 싶고요. 당장은 그 시가 정말로 아이의 목소리인 것만 같아서 힘들어하는 부모들도 있지만, 허락만 한다면 생일시를 공유하는 건 무척 치유적이라고 생각해요. 생일 모임을 할 때 정토회 회원들이 자원봉사하러 오셔서 생일상을 차려주셨는데, 그분들도 시 낭송을 들으면서 너무나 치유를 받았다고 해요. 자기의 어린 시절 기억이 떠오른다고도 하고요. 그래서 돌아가서는 자기 자신에게 편지를 써보겠다고도 하고 그랬어요.

　　무척 재미있는 것이, 생일시를 부탁하면 모든 시인들이 똑같은 반응을 보여요. 시인들이 시를 보내면서 하나같이 '혹시 마음에 걸리는 부분이 있으면 알려주세요. 고칠게요'라는 거예요. 시인 자신의 고유한 작품인데, 어떻게 보면 너무 어이없는 얘기잖아요. (웃음) 어떤 시인은 생일시 제목을 '영원한 소년'으로 붙여서 보내주었어요. 시가 무척 좋았는데, 어쩌면 그 제목에 부모가 마음 아파할 수도 있을 것 같아서 살짝 말씀드렸거든요. 부모들이 많이 하는 이야기인데, 사고 이후로 아이가 지금의 모습 그대로 기억 속에 갇히게 된 것이 너무 마음이 아프다고 해요. 다른 아이들과 형제자매들은 대학도 가고 결혼도 하고 아이도 낳으면서 살아갈 텐데, 이 아이만 영원히 교복 입은 고등학생의 모습으로 남아 있는 거잖아요. 그래서 그런 이야기를 조심스럽게 전했더니 바로 제목을 바꿔주시더라고요. 어떤 시인은 의견을 줘서 고맙다고 하면서 시를 크게 수정해주시기도 하고요. 또 어떤 경우는, 시를 본 부모가 아이의 목소리로 자기는 잘 있

다고 하는 말을 넣어줄 수 없겠느냐고 했어요. '나는 잘 있어요'
라고 하는 아이의 말 한마디만 들으면 숨을 쉴 수 있을 것 같다
고요. 그래서 시인에게 그 얘기를 전했어요. 부모님이 그 한마디
를 듣고 싶어하는데, 넣으라는 말은 아니고 참고하시라고. (웃음)
그랬더니 당장 그 말을 넣어주셨어요. 그런 걸 보면 우리가 감동
을 받는 문구와 부모들의 마음에 꽂히는 문구가 조금 다른 것 같
아요. 저도 그렇지만 우리는 시를 시로서 감상하고 받아들이게
마련인데, 부모의 마음을 흔드는 구절은 따로 있는 거죠. 시적인
표현으로서는 그렇게 훌륭하다고 볼 수 없을지도 모르지만, 부
모의 마음을 흔드는 것은 '나는 잘 있어요' 하는 그런 한마디인
거예요.

진 이영광 시인, 신해욱 시인, 김소연 시인이 이어서 써
주셨는데요, 이영광 시인은 써놓고 저한테 문자를 보내서 다 끝
냈다고 알려줬어요. (웃음) 원래 시인들이 마감 못 지켜서 독촉을
받을 때에도 시가 안 찾아왔는데 어쩌느냐고 되레 큰소리치면
서 편집자들을 힘들게 하는 사람들인데, 마감 안에 못 쓰면 어떻
게 하느냐면서 너무 걱정을 했어요. 괜찮다고, 해보라고 그랬더
니 제가 걱정할까봐 시를 보내자마자 연락을 주고 그랬습니다.
지금도 여러 시인들이 계속 이어서 써주고 계시죠.

__정__ 네, 시들이 정말 기가 막혀요. 실제 아이들과 가족들의 이야기가 다 녹아 있거든요. 그래서 아이들이 실제로 그렇게 말하는 것 같아요. 무당이 받아적은 게 아닌가 할 정도로요. (웃음) 가족들이 받는 느낌은 더 그렇겠죠. 그래서 시를 자꾸 보면서 저도 생사관에 영향을 받는 것 같아요. 제가 느끼기에도 '아, 아이들이 정말 이렇겠구나' 싶거든요.

치유는
관념이 아닙니다

__진__ 생사관이라고 하시니까 생각나는 것이 있어요. 저는 예은이 아버지가 페이스북에 쓴 예은이 이야기와 사진들을 보기 위해서 최근에 페이스북을 시작했거든요. 그러다 선생님 페이스북에서 이런 구절을 보았어요. "사랑하는 이의 죽음을 종내 인정하는 것이 정상正常이라는 죽음에 대한 서양 정신의학의 정석에 대해 저는 요즘 깊이 회의합니다." 정신의학에서는 사랑하는 이의 상실을 받아들이는 것이 애도이고 그게 제대로 안되면 멜랑꼴리에 빠진 거라고 봅니다. 사랑하는 사람을 떠나보내는 대신 자기 마음속에 품고 원망하기 때문에 멜랑꼴리에 빠진 사람은 자기혐오가 심해지는 거라고 분석하지요. 자기 자신을

미워하고 혐오하는 것처럼 보이지만 사실 떠나간 사람을 미워하는 거라고요. 그런 분석틀에 따르면 죽은 사람을 마음에 품는다는 건 일종의 병적 증상으로 이해됩니다.

정 우리가 알고 있는 지식이 실제로 사람들이 느끼고 살아가는 것과는 분리되어 있는 것 같아요. '부모는 자식이 죽으면 가슴에 묻는다'는 말을 흔히 하잖아요. 제가 쓴 것도 그런 차원의 이야기인데, 자식의 죽음이라는 건 그만큼 인정하기 어려운 것이잖아요. 그건 모두가 다 아는 것이고, 그렇게 생각하지 않는 사람이 없을 거예요. 그런데 교과서에서는 자식의 죽음을, 상실을 받아들여야 한다고, 그것이 옳은 일인 것처럼 얘기하죠. 현실과 교과서 사이에 커다란 간극이 있다는 걸 느끼는 거예요.

유가족 부모는 자기 아이가 '죽었다'는 말을 절대 하지 않아요. 저도 부모들과 이야기하면서는 그렇게 돼요. '그날 이후' '사고 이후'라고 표현하지 '아이가 죽은 이후'라고는 절대 얘기하지 않아요. 유가족 중에서 딸 셋 가운데 둘째아이를 잃은 엄마가 있어요. 이 엄마가 큰아이 겨울옷을 사러 같이 옷가게에 갔다가 '둘째도 추울 것 같으니까 둘째 옷도 같이 사자'라고 하면서 옷을 같이 샀다고 해요. 또 어떤 엄마는 자기 아이의 친구가 아이 꿈을 꿨다고 SNS에 쓴 걸 보고는 그 친구에게 전화를 해서 꿈 얘기를 물어봤대요. '걔가 어떻게 지내는 것 같니? 춥지는 않은 것 같니?' 하고요. 마치 먼 곳에 가 있는 아이를 만나고 온 친구에게 아이의 근황을 묻는 것처럼요. 그러면서 제게 '선생님, 걔가 그래도 잘 있는 모양이에요'라고 해요. 이사를 가면서 아이 방을 그대로 옮겨놓는 부모도 많고요. 유가족들은 그렇게 관념화된 죽음이 아니라 일상을 같이 살고 있는 거예요.

　'이웃'에 와서 진료를 하는 한의사 가운데 한분이 어느 날 유가족 엄마에게 이제는 받아들이는 연습을 하시라고 했나 봐요. 그랬더니 이 엄마가 엄청나게 화를 내면서 뛰쳐나갔어요. 제가 나중에 그 사실을 알고는 그 엄마와 오래 이야기를 했어요. '그건 그 선생님이 잘못 이야기한 거예요. 그걸 왜 잊어요. 아이 생각이 떠오르면 더 맹렬하게 생각하세요. 엄마가 안해주면 누가 하라고. 엄마가 잊으면 어떡하라고. 잊지 마세요' 하고요. 죽음이나 이별 같은 커다란 상실을 경험하면 처음에는 부정하고 저항하고 화를 내다가 나중에는 받아들이게 된다, 이것이 우리가 배워서 알고 있는 지식이죠. 그래서 이런 관념적이고 이론적인 틀에 모든 사람들을 끼워넣으려 하기 쉬운 거예요. 그렇지만 받아들이라고 해서, 그게 옳다고 해서 받아들여지는 게 아니거든요. 유가족들을 오래 보고 있으면 그런 이론적인 틀이 오히려 부자연스러울 수 있겠구나, 오히려 저렇게 아이를 마음속에 묻고 계속 소통하면서 살아가다가 생을 마감하는 것이겠구나, 하는 생각이 들어요. 이론적인 틀은 이 사람들이 생을 마감할 때까지 평화롭게 지내는 데 불필요한 거죠.

물론 제가 유가족들과 같이 있다보니까 그런 생각이 더 강하게 드는 걸지도 몰라요. 유가족들과 그런 느낌에 대해서 이야기를 하다보면, 한편으로는 이런 저를 바깥에서 바라보는 또하나의 내가 있다면 제게 말도 안되는 소리라고 할지도 모른다는 생각이 들어요. 그런데 말씀드렸듯이 유가족들은 물속에 잠겨 있는 것과 같은 상태거든요. 물 바깥에서 보면 이상하게 여겨질 수도 있겠죠. 그렇지만 이 사람들과 같이 지내면서 내가 갖는 이 마음이 이 사람들에게는 위로가 되겠다고 느껴지고, 실제로도 그러니까 기꺼이 같이 물속에 잠겨 있는 것이기도 해요.

진 지난여름에 「래빗 홀」이라는 연극을 보고 관객들과 함께 이야기를 나누는 작업을 했어요. 「래빗 홀」은 다섯살짜리 아들을 집 앞에서 교통사고로 잃은 베카와 하우위 부부의 슬픔을 다룬 작품인데요, 베카의 엄마인 냇도 베카의 오빠인 서른살 아들을 잃은 슬픔이 있어요. 그 두사람이 슬픔에 대해 나누는 이야기가 지금 선생님의 말씀과 거의 같아요. 그런 걸 보면 그 생사관의 차이가 동서양의 차이가 아니라 오히려 생사를 예술적으로 다루는 방식과 그렇지 않은 방식의 차이라고 할 수도 있겠어요.

베카 엄마? 이게 사라지기는 해?

냇 뭐가?

베카 이 느낌. 이게 사라지기는 해?

냇 아니, 그러지는 않는 거 같아. 난 그랬어. 그리고 11년째 계속 되고 있어. 달라지긴 했지만.

베카 어떻게?

냇 모르겠다. 아마도 그것의 무게랄까. 어느 때가 되면 견딜 만 해져. 그 아래서 빠져나올 수 있는 무언가로 바뀌어. 그리고 지니고 다닐 만해—주머니 속 벽돌처럼. 그리고 가끔이지만 까먹을 때도 있고, 그런데 그러다 무슨 이유에선지 그 안에 손을 넣게 돼. 그럼 거기 있어. "아 맞다. 그거." 그건 끔찍하 기도 해. 하지만 항상 그렇진 않아. 가끔은 좀…… 그게 맘에 든다고 하긴 그렇지만, 그건 네 아들 대신 네가 지니고 있는 거니까, 그래서 그것마저도 놔버리고 싶진 않은 거야. 그래서 계속 지니고 다녀. 그러니까 그건 사라지지 않지만, 음……

베카 뭐.

냇 나쁘지 않아…… 좋아.

—「래빗 홀」 중에서, 어린 아들을 잃은 베카가
엄마에게 아들을 잃은 슬픔이 사라지는지 물으며

정　그럴 수도 있겠네요. 저는 사람을 위로한다는 건 이론과 큰 관계가 없다고 생각해요. 그게 백번 천번 맞는 말이라고 해도요. 아이를 잃은 엄마가 아이의 죽음을 결국 인정해야 한다는 사실을 몰라서 그러는 게 아니거든요. 그렇지만 그걸 인정하라고 말하는 것보다는 '그걸 왜 잊어요, 잊으시면 안되죠'라고 하는 것이 더 안심이 되는 거죠. 그렇다고 해서 '아, 자식의 죽음을 받아들이는 것이 건강한 게 아니구나. 받아들이지 않아도 되는구나'라고 생각하게 되지는 않아요. 자식의 죽음을 인정해야 하지만 당장은 그러지 않을 수도 있다는 걸 이해받아야 숨통이 트이고 살 수가 있는 거죠. 잊지 못하는 자기 자신이 비난을 받거나 건강하지 못한 취급을 받으면 어떻게 살 수 있겠어요. 아이의 죽음을 인정하라고 하는 건 아이 잃은 엄마에게 그 아이를 영원히 빼앗아가겠다는 위협으로 느껴지지 않겠어요? 저는 그렇게 느껴요.

진　저는 제 주변의 예술가들이 워낙 사라진 존재와 같이 사는 사람들이라서 그런지, 떠나간 아이와 같이 오래 있는 건 굉장히 의미있는 일인 것 같습니다. 선생님께서 들려주신 이야기에 별 거부감이 들지 않아요. 어떤 사람이 보면 이상하게 들리는 소리라고 말씀하셨잖아요. 그런데 사실 거기에 어떤 종류의 문화적 형식이 부여된다면 공동체 전체가 편안하게 받아들일 수 있는 이야기가 될 것 같아요. '이웃'의 활동과 관련해서 그런 아이디어가 있으신지 궁금해지네요.

정 글쎄요, 바로 생각나는 건 없는데, 선생님은 혹시 지금 떠오르는 아이디어 없으세요? (웃음)

진 저희 예술가들은 세월호 희생자 304명을 기억하는 '304 낭독회'를 한달에 한번씩 모여서 하고 있는데요, 그걸 끝까지 이어나갈 수 있을지는 해봐야 알겠지만, 정말로 다 하면 26년쯤 걸리는 일이거든요. 그러면 그 낭독회가 26년에 걸쳐 떠나간 사람들과 같이 살아가는, 문화적으로 공유되는 형식이 될 수도 있을 것 같아요. 사실 '이웃'에서 하는 작업들 중에서도 예를 들어 생일 모임이 그런 '같이 살기'의 방식 가운데 하나인 것 같고요. 사실 어떻게 그런 생각을 하게 되셨을까 궁금했어요.

정 아까도 말씀드렸지만, 유가족들이 공통적으로 하는 말이 꿈에서라도 아이가 잘 있다는 걸 확인하고 싶다는 거예요. 그래서 생일시를 통해서 아이의 육성을 듣고 싶어하고요. 어떤 식이든 단서를 잡을 수만 있으면 그걸 빌미로 삼아 답답한 마음을 조금이나마 누그러뜨릴 수 있는 거죠. 그러니까 한편으로는 굿이나 마찬가지인 거예요. 시인들이 정말로 아이의 육성처럼 느껴지는 시를 써주시잖아요.

굿의 메커니즘은 무척 치유적입니다. 굿을 통해서 사랑하는 이를 잃은 사람이 망자를 다시 만나고, 급하게 이별하느라 미처 나누지 못했던 마지막 마음과 감정들을 나누잖아요. 벼랑처럼 급하게 끝이 나버린 관계를 완만한 경사 길의 기울기로 다시 만드는 거죠. 천천히 이별 의식을 하기 위해서요. 생일 치유모임에서의 생일시 역할도 같아요. 시인들은 20여일 이상을 아이의 기록, 사진, 살아온 이야기들을 마음에 담고 아이에게 말을 걸고 기도를 합니다. 그러다 그 아이와 꿈에서 만나기도 하고요. 생일시는 시인이 영매가 돼서 그 아이의 목소리를 전하는 일인 거예요. 시를 낭송하며 부모와 형제, 친구들이 다시 그 아이 손을 맞잡은 듯 펑펑 웁니다. 그런데 그 눈물이 통한의 눈물이라기보다는 수정 같은 맑은 눈물에 가깝다는 느낌이 들어요. 생일 치유모임 후에 부모와 형제, 친구들이 훨씬 편안해하거든요. 그래서 이걸 문화적으로 더 일반화할 수 있는 아이디어가 있으면 좋을 것 같아요.

진 「래빗 홀」에서도 베카가 슬픔을 건디는 힘을 얻는 건 '래빗 홀'이라는 상상의 우주 이야기를 듣고서예요. 래빗 홀 이론이라는 건 『이상한 나라의 앨리스』에 나오는 토끼굴처럼 이 세계와 비슷한 다른 세계들, 일종의 평행우주를 이어주는 통로가 있다는 건데요. 그러니까 베카의 아이는 지금 이 세계에서는 베카 옆에 없지만 또다른 평행우주에서는 베카가 싸주는 가방을 메고 유치원에 가고 간식으로 딸기 머핀도 잘 먹고 무럭무럭 자란다는 거죠. 그 이야기를 듣고 베카가 비로소 마음이 편안해져요. 연극에서도 이게 무슨 권위있는 과학이론으로 소개되는 게 아니라 교통사고를 낸 제이슨이라는 소년이 베카의 죽은 아들 대니를 위해 그린 만화 속 이야기로 나와요. 제이슨이 그 집 앞을 지나가다가 대니가 개를 쫓아서 갑자기 도로로 나오는 바람에 사고를 내죠. 그래서 제이슨도 죄책감이 심하고 아이를 위해 뭐라도 하고 싶은 마음으로 만화를 그려서 베카에게 주는 거예요.

그게 그냥 상상이고 만화라는 걸 베카도 잘 알죠. 그런데도 그 이야기가 힘을 주는 겁니다. 친구, 여동생, 이웃, 주변의 모든 사람들이 다 아이 이야기를 피하고 그만 잊으라고 하는데 유일하게 아이 이야기를 꺼내고 아이에 대해 묻는 게 제이슨이라는 소년이에요. 악의를 가진 건 아니었지만 가해자이기도 한 그 소년이 아이가 다른 곳에서 잘 지냈으면 하는 마음을 담아서 SF 만화를 그려오니까 엄마가 그 마음에 반응하는 거죠. 그렇게 해서 그 교통사고가 아니었다면 결코 알 수 없었던 두사람이 아이에 대한 공동의 기억을 만들어가요. 좀 이상한 말이지만, 대니의 존재가 자기 인생에 잊을 수 없는 고통의 기억으로 각인된 두사람이 만드는 공동체인 거죠. 제이슨도 학교의 상담선생님이 네 잘못이 아니니 잊으라고 해도 그 사고 때문에 힘들어하면서 베카의 집을 찾아오고 그러거든요. 이 극본은 퓰리처상을 받을 만큼 문학성도 있고 상실에 대한 깊은 이해를 담고 있다는 평가를 받았어요. 삶 속에 상실과 슬픔을 맞이하는 마음의 공통 형식으로 확실히 예술만 한 건 없는 것 같아요.

정　진은영 시인이 예술에 대한 얘기를 해주셨으니까 말을 보태자면, 저는 거기에 종교적인 영역과의 결합도 참 중요하다는 생각을 해요. 특히 산 자와 죽은 자의 문제에서는 더 그렇죠. 치유적인 면에서도 종교적인 것이 중요한 역할을 합니다.

유가족들이 희생학생들의 교복과 유품을 택배로 받았잖아요. 한 유가족 엄마가 진도에서 택배를 보낸다는 연락을 받고는 택배기사와 마주칠까봐 집에 못 들어가고 도망을 다녔대요. 그 유품을 전해받을 자신이 없어서요. 그래서 며칠을 도망 다니다가 결국 택배를 받았는데, 택배 상자를 도저히 못 여는 거예요. 그 여동생이 못 열게 해요. 상자를 열면 바다 냄새가 나고 오빠 냄새가 난다면서요. 진도에 있었을 때부터 바다 냄새가 오빠 냄새인 것같이 느껴져서, 그걸 열면 자기는 힘들어서 집에 못 들어오겠다는 거예요. 그래서 그 누런 종이상자를 못 열고 그대로 두었어요. 아빠는 아들과 같이 있고 싶다면서 출퇴근할 때마다 상자를 조수석에 싣고 다니고요. 엄마는 아이 유품이 바닷속에 있었으니 삭아버릴까봐 깨끗이 빨아서 잘 보관하고 싶은데, 상자를 열 수 없으니까 전전긍긍해요. 그러느라 몸도 너무 안 좋아지고요. 건강이 꽤 나아지고 있던 참이었는데 그 상자를 받고부터 다시 급격히 나빠지는 거예요.

그래서 '이웃'에 오시는 수녀님들에게 부탁드려서 간단한 의식과 함께 그 상자를 열기로 했어요. 집에서는 열 수가 없으니까, 성당 앞에 있는 조그만 집을 준비해서요. 그래서 상자를 들고 온 엄마를 맞이할 때부터 수녀님들이 촛불을 들고 서 계셨어요. 수녀님 두분과 저와 그 엄마 넷이서 같이 의식을 치렀죠. 금요일 오후 3시였는데, 그때가 예수님이 십자가에 못 박혀서 마리아 품에 안겼던 시간이라고 해요. 그래서 '오늘 ○○가 엄마 품에 안기는 거예요'라고 하면서 간단히 얘기를 나누고요. 그렇게 간단하게 5분 정도 예식을 한 다음에 빨래할 수 있는 곳에 가서 상자를 여니까 교복 윗도리가 나오고 이름표도 명찰도 나와요. 그래서 '○○ 옷이네. 어머니, ○○한테 얘기 한번 해보세요'라고 하니까 그 엄마가 '○○야' 하면서 울기 시작하는데 수건 두장이 완전히 다 젖었어요. 그렇게 세시간 동안 빨래를 하면서 아들과 얘기를 하고 쓰다듬고 만지고 주무르고…… 그런 다음에 다림질까지 마치고는 수녀님들이 준비한 하얀 한지에 싸서 제단에 올려놓고 같이 기도를 했어요. 수녀님들이 일부러 천주교 성가 대신 천상병 시인의 「귀천」 노래를 준비해서 나지막하게 불러주시고요. 그 엄마가 기독교 신자여서 천주교 식으로 하는 게 불편할까봐서요.

그렇게 의식이 끝나고 나니까 그 엄마가, 자기는 세상에서 가장 무서운 숙제가 아들의 유품을 받는 거였는데, 알고 보니 이게 아들이 자기에게 주는 마지막 선물이더라는 거예요. 아이가 엄마와 이렇게 이야기하려고 교복을 보냈나보다 싶다고요. 그래서 너무 편안했대요. 그러고 나서는 한의사들이 와서 그 엄마를 진료하는데, 무슨 일이 있었길래 이렇게 싹 달라졌느냐고 할 만큼 몸이 좋아졌어요. 수녀님들도 그 경험 이후에 더 힘을 얻어서 열심히 하시고요. 그런 게 종교의 힘인 것 같아요. 그런데 여기서 제가 말하는 종교라는 건 신앙심이 있다 없다의 의미가 아니고 자신이 겪고 있는 고통에 대해 종교적 해석을 할 수 있느냐 없느냐에 대한 거라고 말할 수 있어요. 특정 종교가 없는 사람이라도 종교적 해석이 가능하다면 치유에 더 가깝게 갈 수 있으니까요.

광주트라우마센터에서도 제가 집단상담을 할 때 계속 참관하신 신부님 한분이 계셔서, 상담이 마무리될 때 마지막으로 신부님께 의식을 부탁드렸어요. 그 신부님도 정말 정성껏 준비해주셨어요. 죽은 이들에게 편지를 쓰게 해서 촛불을 켜고 기도하면서 편지를 태우는 의식을 했죠. 그것도 무척 치유적인 경험이었어요. 망자와의 관계 때문에 일어나는 트라우마의 치유는 심리적인 것만으로는 완료되지 않는 것 같아요. 그런 면에서 종교적인 개입도 무척 중요한 역할을 한다고 느낍니다.

예술은 인간임을
느끼게 하는 것

진　네, 종교만큼 상실과 소멸에 대해 깊이 생각하게 만들고 그것을 극복할 수 있는 다양한 길을 보여주는 것도 없는 것 같습니다. 저는 성경에서는 욥기를 참 좋아하는데요, 거기 보면 "여인에게서 태어난 사람은 사는 날이 적다. 그는 꽃과 같이 태어나지만, 누군가가 꺾어버린다"라는 탄식의 기도가 나옵니다. 사고의 책임을 묻는 과정이 반드시 있어야만 하겠지만 사실 그것만으로 사랑하는 사람을 잃은 고통이 전부 해결되는 것도 아닙니다. 그러니까 상실에서 비롯된 탄식과 고통을 이야기하고 어루만지는 일 역시 필요한 거죠. 그런 점에서 종교적 언어나 형식이 긴요하다는 선생님 말씀에 공감이 갑니다. 물론 예술 역시 이 작업과 깊은 연관이 있겠고요. 저처럼 시나 소설을 쓰는 사람들, 그리고 문학을 좋아하는 사람들은 직접적으로 상실의 문제에 대해 다루지 않더라도 자기 체험을 통해 예술적 치유의 순간을 자주 만나기도 하는데요, 선생님도 문학이나 예술을 단순히 치유의 수단이나 매개로 사용하는 것을 넘어서 치유의 예술성을 믿고 계시다는 느낌이 들어요. 노란 편지 쓰기, 그리고 시를 통해 희생자 아이의 목소리를 전하고 가족과 친구들이 교감하게 하는 생일 모임 등은 치유과정에 문학, 더 넓게는 글쓰기 활동을 아주 깊숙이 개입시키는 작업인 듯합니다. 그런 예술의 치유적 능력과 치유의 예술성에 대해 어떻게 생각하시는지 말씀을 듣고 싶어요.

정　저는 치유가 완성되려면 예술성을 동반하지 않으면 안된다고 생각해요. 사실 저는 정신분석이라는 말이 무척 마음에 들지 않아요. 분석, 의료, 치료라는 말은 너무 기능적으로 느껴지고요. 기능적인 방식으로 사람을 이해해서는 온전하게 이해할 수 없으니까요. 그런 점에서 저는 예술을 특정한 미적 양식이 아니라 사람을 온전히 이해하는 하나의 관점 혹은 태도라고 생각해요. 그렇기 때문에 예술적이어야 치유적이고 치유적인 것은 반드시 예술적이라고 보는 거죠.

치유와 관련해서 예술이라고 하면 흔히들 미술치료, 음악치료 등을 떠올리는데, 제가 얘기하는 예술치료는 그런 기법이 아니에요. 예술이란 아름다운 것, 아름다움을 느끼게 하는 것이죠. 어떤 사람은 좋은 그림을 보고 좋은 음악을 들으면서 아름다움을 경험하지만, 어떤 사람은 예를 들어 시골길을 가다가 빨랫줄에 아기 옷이 걸려 있는 걸 보면서 아름다움을 느낄 수도 있잖아요. 그런 경험들이 모두 예술이고 예술적인 것이라고 보는 거예요.

예를 들어 1·4후퇴 때 흥남부두에서 다섯살짜리 여동생과 헤어지고 50년을 정신없이 살아온 사람이 어느날 서울 한복판 골목 모퉁이에서 갑자기 헤어진 여동생과 마주쳤다고 해봐요. 그 사람은 놀라움이나 반가움도 격하게 느끼겠지만 자신이 살아온 지난 50년 세월도 한꺼번에 머릿속에 떠올리면서 자기 삶 전체를 돌아보는 경험을 하게 되지 않을까요. 그러면서 누가 뭐라지 않아도 스스로 앞으로는 제대로 살아보고 싶다는 다짐을 하게 될 것도 같고요. 그런 사건도 '자기 자신과 만나는 결정적 순간'의 한 예가 될 수 있겠죠. '헤어진 여동생'은 비유하자면 '놓치고 살았던 자기 본모습 또는 자기 원형'이라 할 수 있어요. 원형적 자기를 만나는 순간 인간은 자기 삶을 근본적으로 성찰하게 되거든요.

저는 그런 유의 경험을 가능하게 하는 것이 일종의 아름다움, 예술적인 자극이고 동시에 가장 치유적인 자극이라고 생각해요. 인간이 자기 자신을 돌아보고 성찰하도록 돕는 일이 치유의 본질인데, 기능적이고 분석적인 해석만으로 자기를 진짜로 만날 수 있을까요. 사람을 근원적이고 통합적으로 느끼게 해주는 예술적 자극이 있을 때 사람은 한 존재로서의 자기를 온전하게 만날 수 있다고 저는 느껴요. 그런 자극이 곧 치유적인 자극이죠. 삶이 완전히 산산조각나 고통 속에 빠져 있는 사람이 누군가 정성스럽게 차린 밥상을 받고는 고마운 마음이 일고 일상의 아름다움을 느끼는 것, 분석과 설명이 아닌 그런 느낌이 결국 자신을 회복하는 힘이 돼요. 그런 면에서도 모든 인간은 스스로 치유적인 존재이고, 자기 안에 치유적인 힘을 갖고 있습니다. 아름다움을 많이 느끼면 느낄수록요.

진　예술치료를 꼭 예술을 활용해 구조화한 치료 프로그램으로 제한할 필요는 없다는 말씀이시네요. 예술언어가 우리 마음에 주는 자극은 참 소중하고 놀라운 것이죠. 예술 때문에 견디기 힘든 많은 삶의 순간들을 잘 넘기기도 하고요. 선생님은 마인드프리즘에 계실 때도 시와 같은 예술작품을 중요하게 생각하고 적극적으로 활용하셨던 것으로 알아요.

정　마인드프리즘에서 개인 맞춤형 심리분석 프로그램을 받으면 '내 마음 보고서'라는 책자를 만들어주는데, 마지막에는 꼭 그 사람에게 맞는 시를 처방해주는 것으로 끝나요. 객관적인 분석과 진단만 알려주는 것이 아니라 자기의 마음에 가장 근접한 시를 통해서 자기 해석의 여지를 넓혀주는 거죠. 그래서

음악 감상

윤병무

만일 전화 통화 후 나의 동료 직원이 여러 경로를 거쳐

해고 조치된다면 나도 사표를 준비하겠다고 생각했다

그러나 다행인지, 불행인지 그런 일은 일어나지 않았다

장시간에 걸친 전화 통화는 동료 직원의

인내심으로 조용히 끝났기 때문이다

나는 곧바로 퇴근했지만,

동료 직원은 어느 술집으로 다시 출근했을 것이다

다음날 술자리에서 동료 직원은 말했다;

걸려온 전화기에 가득 찬 고함 소리의

틈새로 자신이 너무도 좋아하는 브람스 음악이

새어나오고 있었노라고

시의 한 구절이 그 사람을 설명하는 타이틀이 되는 거예요. 그래서 책의 모양도 일부러 시집같이 만들었고요. 이명수 선생과 '내 마음 보고서'를 기획할 때부터 예술성, 문학성을 어떻게 녹여낼지 많이 고민했어요. 심리분석 내용을 알려주는 문구도 병원에서 주는 심리분석 보고서와는 완전히 다르게 만들고요. 그 바탕에는 예술의 치유성에 대한 믿음이 있는 거예요.

그래서 저는 상담학교를 진행할 때도 읽을 만한 책을 추천해달라는 부탁을 받으면 프로이트나 융, 정신과의사가 쓴 책을 권하지 않고 문학작품을 추천해줘요. 저는 이런 소설가, 이런 시인의 작품이 좋더라, 하고요. 다른 사람을 치유하려는 사람일수록 사람에 대한 전체적이고 깊이있는 이해가 꼭 있어야 해요. 그것 없이 기능적으로 하는 치유란 어불성설이죠. 문학적이고 예술적인 기초가 없는 사람들이 공부를 해서 치유자라는 자격을 달고 일을 하기 때문에 일어나는 반치유적인 사례가 적지 않아요. 그건 꼭 치유자만의 문제가 아니라 우리 사회의 근본적인 문제이기도 해요. 저는 우리 사회에 이렇게 참담한 사건이 자주 발생하고 또 2차, 3차 외상이 이어져서 병리현상이 더 깊어지고 복잡해지는 데는 우리 사회에 예술적이고 문학적인 기반이 없는 것이 큰 이유 중 하나라고 생각합니다. 그걸 예술이라고 해도 좋고 인문학이라고 해도 좋지만, 이론적으로 접근하는 학문이 아니라 일상적인 인문정신, 인문학적인 에토스를 말하는 거죠. 말하자면 인간을 온전한 존재로 이해하려는 노력 말이에요.

치유의 도구로서의

기록

진 　치유와 예술, 문학의 관계에 대해서 말씀해주셨는데, 꼭 문학적인 것이 아니더라도 치유와 관련해서 기록 작업이 가지는 의미에 대해서도 생각해보고 싶습니다. 예전에 어느 인터뷰에서 기록이 공동체 복원 운동에서 핵심적인 요소가 되어야 한다고 말씀하신 적이 있지요. 기록이라고 하면 흔히들 박물관식 활동을 통해 아이들 사진을 모아놓고 기념사업을 하는 형태를 주로 생각하잖아요. 선생님께서 하시는 노란 편지 쓰기 활동도 기록 작업의 하나가 될 수 있을 텐데, 그렇게 기록 활동으로 구상하고 계신 작업들이 있으면 말씀해주세요.

정 　기록이라고 하면 말씀하신 것처럼 박물관적인 기록을 상상하기 쉽지만, 제가 생각하는 건 그런 의미의 기록은 아니에요. 예를 들어서 제가 2011년에 쌍용차 해고노동자들을 대상으로 진행한 집단상담 내용을 녹취해서 '쌍용자동차 해고노동자 숨결보고서'라는 제목으로 발표한 적이 있어요. 제가 말하는 기록은 그런 기록이에요. 세월호 사고와 관련해서도 유가족들의 상담 내용은 녹음하지 않지만 단원고 교사들을 대상으로 한 집단상담 내용은 기록으로 보관하고 있어요.

이렇게 상담 내용을 기록하는 것은 기록 자체가 목적이 아니라 기록이 중요한 치유의 도구가 되기 때문이에요. 쌍용차 해고노동자나 세월호 희생자 가족들처럼 사회적, 정치적 맥락에서 발생한 재난 때문에 트라우마를 겪는 사람들은 밀실에서 상담만 해서는 제대로 치유되지 않으니까요. 특히 우리나라에서 PTSD는 많은 경우 국가폭력과 같은 정치적 문제에서 비롯되는 거잖아요. 국가폭력이라는 측면에서는 개인의 의지를 넘어서는 가공할 만한 힘에 의해 벌어진 사건이지만 가해자가 엄연히 존재하는 사건인데, 가해자의 존재를 지워버리고 개인적으로 상담만 하자는 건 어불성설이에요. 그래서 기록을 남기고 그걸 사회적으로 공개해야 하는 거예요. 기록의 공개는 이것이 피해자를 밀실에 가둬놓고 쉬쉬하면서 개인적으로 해결해야 하는 문제가 아니라는 일종의 선언이기도 합니다. 또 우리가 그 문제에 무관심하거나 침묵해서는 안된다는 것을, 그것이 곧 가해자의 편에 서는 것과 마찬가지라는 사실을 알림으로써 사람들에게 건강한 불편함을 불러일으키는 것이기도 하고요. 그래야 피해자들이 고립되지 않아요. 피해자들이 죽음을 선택하게 되는 가장 큰 이유가 '나는 죽을 만큼 고통스럽고 억울한데 아무

모든 인간은 스스로 치유적인 존재이고,
자기 안에 치유적인 힘을 갖고 있습니다.

도 알아주지 않는구나'라는 좌절에서 비롯되는 것이거든요. 그래서 자신의 고통을 알아주는 사람들이 있다는 사실을 느끼게 하는 것이 이 사람들의 치유에 아주 중요합니다. 그래서 더 적극적으로 알려야 하는 거예요.

예전에 고문피해자 상담을 할 때 방송국에서 상담과정을 촬영하고 싶다고 요청한 적이 있어요. 그래서 그분들에게 의견을 물었는데, 사실 무척 조심스러웠죠. 그분들은 아직 재심 청구를 해서 무죄판결을 받기 이전이니까, 말하자면 아직 간첩인 거잖아요. 그래서 혹시라도 얼굴을 드러내면 낙인이 찍혀서 힘들어질 수도 있으니까요. 그런데 그분들이 이야기를 듣고는 바로 저를 쳐다보면서 '선생님은 피하면 안됩니다. 선생님도 우리와 함께 방송에 나가주셔야 합니다'라고 하시는 거예요. 오히려 저는 아무 상관 없지만 선생님들에게 피해가 갈까 걱정했던 건데, 그분들은 당연히 방송에 나가야 한다고 생각하는 거예요. 억울하니까, 그 억울함을 알려야 한다는 거죠. 일반적으로 상담의들은 개인의 상담 내용은 프라이버시이기 때문에 공개하면 안된다고 하죠. 그런데 그건 아주 관념적인 생각인 거예요. 부부상담처럼 개인적인 문제를 다루는 상담은 당연히 내용을 공개해서는 안되죠. 하지만 사회적인 맥락에서 일어난 트라우마는 그런 일반적인 상담과 같이 접근해서는 안됩니다.

저는 사람의 마음을 움직이는 가장 강력한 방법은 사람

의 마음을 보여주는 것이라고 생각해요. 그래서 세월호 유가족들에게도 늘 강조해요. 간담회나 강연을 할 때 너무 공부해서 이야기하려 하지 말고 지금 유가족들의 마음이 어떤지를 절절하게 보여주라고요. 그래야 이웃으로서, 한사람으로서 더 공감을 얻을 수 있으니까요. 그래서 저도 상담 기록과 자료를 그런 방식으로 공유하려고 하는 거예요. 그런 기록 역시 사람에게 온전하게 집중할 수 있게 하는 방법인 거죠.

진 녹취 기록을 프라이버시의 차원으로만 접근하기보다는 그것을 공표함으로써 우리가 그것을 하나의 기록으로서 성찰할 수 있는 기반을 마련하자는 말씀이 인상적입니다.

정 그런 기반이 꼭 필요하죠. 중요한 것은 자료를 공표하는 데 있어서는 그것이 치유적이냐 아니냐가 중심이 되어야 한다는 것입니다. 세월호 사고 초기에 단원고에서 그런 자료들이 무분별하게 외부에 알려지는 것 때문에 생긴 문제가 적지 않았어요. 소위 전문가들이 초기에 자원봉사를 하면서 아이들을 인터뷰하고 그 내용이 언론에 공개되는 일들이 꽤 있었거든요. 그래서 학교에서는 교육청에서 문의가 오면 어떻게 된 일인지 알아내느라 비상이 걸리고, 알고 보면 자원봉사자 개인이 한 이야기를 언론에서 마치 단원고 전체의 상황인 것처럼 보도한 거고요. 한편으로는 전문가 집단 안에서 단원고 아이들에 관한 자료를 확보하는 것이 무슨 스펙처럼 여겨지는 면도 있어요. 하지만 그런 식으로 상담의 내용을 자신의 욕망을 위해서 써서는 안 되죠. 치유에도 전혀 도움이 되지 않고요. 그런 방식이 아니라 치유적인 목표에 부합하는 일이라면 어떤 피해자도 자신의 상담 자료를 공개하는 것에 대해서 반대하지 않아요. 오히려 적극 찬성하죠.

진 그런데 이 기록이 반드시 상담 녹취록의 형식을 띨 필요는 없을 것 같아요. 피해자들이 자신의 목소리를 직접 자기 작업으로 표현해도 되겠지요. 그러면 그 작업들이 어떤 마음에 대한 사적인 기록이면서 동시에 사회적 문제를 긴 호흡으로 해결할 수 있게 만드는 공적인 디딤돌이 될 수 있을 것 같고요. 당사자들이 조금 더 생생하게 고통을 전달하고 마음의 색깔을 표현할 수 있도록 상담 전문가들이나 예술가들이 곁에서 돕는 작업에 주력할 필요가 느껴집니다.

정 네, 그런 작업이 많아지면 좋겠어요. 저도 상담을 하다 보면 그런 이야기를 많이 듣습니다. 어떤 유가족 아빠는 그전까지 제조업체에서 일하면서 글을 쓰는 일과는 거리를 두고 살아오신 분인데, 사고 이후로 자기 이야기를 글로 써보고 싶다는 이야기를 많이 해요. 그래서 책도 찾아서 보기 시작하고요. 그래서 제가 당장 글 쓰는 방법을 배우기보다는 일단 보고 싶은 책을 많이 보시는 게 좋다, 본 만큼 쓰게 된다, 그런 얘기를 해드렸죠. 지금은 대책위 활동 때문에 잘 진척되지는 못하고 있지만, 그렇게 글을 쓰고 싶어하는 욕구들이 많아요. 유가족 엄마들도 페이스북을 많이 하는데, 자기 이야기를 글로 잘 써서 올리고 싶은데 마음만큼 잘 안되니까 답답하다는 이야기를 많이 하고요. 그래서 상황이 좀더 나아지면 글쓰기와 관련된 지원과 활동을 많이 해보면 좋겠다고 생각하고 있어요. 물론 일방적인 강의 형식은 아니고, 좀더 유연한 방식을 고민해봐야겠지요.

정신의학의
테두리

진 선생님은 정신과의사이시면서도 재난 현장에서 정신의학이 지닌 한계에 대해 여러차례 말씀하셨어요. 그런데 사실 그것이 정신의학에 대한 폄하라거나 이 학문이 지닌 근본적 무능력에 대한 비판으로 들리지는 않아요. 신학자 라인홀드 니부어Reinhold Niebuhr의 '평온을 구하는 기도문'이라는 게 있죠. 많은 분들이 좋아하는 기도문인데 이렇게 시작해요. "하느님,

바꿀 수 없는 것은 받아들이는 평온을, 바꿀 수 있는 것은 바꾸는 용기를, 그리고 그 차이를 구별하는 지혜를 주옵소서." 이것은 우리 삶 전체에 필요한 지혜이기도 하지만 한 전문가 집단이 자기가 바꿀 수 있는 것과 바꿀 수 없는 것, 할 수 있는 일과 할 수 없는 일을 구별하지 못해서 만용을 부리거나 다른 영역의 도움이 필요한 부분에서 개방성을 보이지 못해서 많은 문제가 발생하는 지금 절실히 요구되는 지혜이기도 한 것 같습니다. 아마도 선생님이 강조하시는 것도 그런 지혜의 태도라고 보입니다. 병리적인 현상에 개입할 수 있는 정신의학의 역량을 정확히 판단하는 한편, 정신의학이라는 분과학문 너머를 바라보며 자기를 확장하고 또 도움을 요청할 개방성이 필요하다는 점을 계속 강조하시는 것 같거든요.

정　네, 정신의학의 테두리 안에 갇혀서는 안되는 일이에요. 제가 '이웃'에 있으면서 정신과의사들과도 만났는데, 그분들이 제게 질문하는 내용이 주민센터에서 강의를 할 때 일반인들이 하는 것과 똑같은 질문인 경우가 많더라고요. 정신과의사들 스스로도 트라우마에 대한 깊은 이해나 사회적인 맥락에 대한 고려가 부족한 게 현실이죠. 그래서 아주 제한적인 방식으로만 피해자들에게 접근하고요. 대개는 약물로만 모든 걸 다루려고 해서 증상이 심해지면 약물을 늘리거나 우울증이 심해지면 전기치료를 하는 식이에요. 말씀하셨던 EMDR 같은 새로운 요법이 부각되면 또 그걸 그대로 따르기도 하고요. 그러고는 상담만으로는 한계가 있다고 하죠. 이렇게 너무 기능적이고 기법 위주로 접근하면 정신과의사가 아니라 기술자가 되는 것 같은 느낌도 들어요.

그러다보니 치유라는 말이 너무 오염돼 있는 것 같고, 치유라고 하면 진저리를 치는 사람들도 많아요. 세월호 사고 당시에 팽목항에 심리상담 부스가 몇개씩 있었잖아요. 그때도 그랬지만 지금 와서 생각해봐도 너무 잘못한 일이지요. 픽치기를 당해서 피를 철철 흘리는 사람을 상담실에 앉혀놓고 당신 다쳤을 때 기분이 어땠냐, 감정이 어땠냐 이야기하는 건 말이 안되는 거잖아요. 그러니 치유라고 하면 고개를 내저을 수밖에요. 당시에 생존학생들에게 간단하게 설문조사를 받았었는데, 그때 아이들의 건의사항 중에 '상담을 금지해주세요'라는 말이 있었어요. 정신의학의 그런 기능적인 접근이 상담과 치유에 대한 어마어마한 불신을 낳은 거죠. 치료적인 기술만이 아니라 사태와 맥락을 이해하고 조망하는 시야가 없으면 그럴 수밖에 없어요. 그런 면에서도 말씀하신 니부어의 기도문이 들려주는 그런 지혜가 반드시 필요하다고 생각해요.

묘비명

나희덕

석수장이에게 이렇게 새겨달라고 부탁했다

내 눈빛을 꺼주소서.
그래도 나는 당신을 볼 수 있습니다.*

저편의 어둠속에서도
네가 사랑했던 것들을 볼 수 있기를 바라며

어눌하게 새겨진 글자 속으로
비바람이 다녀가고
그럴 때마다 말은 조금씩 어두워졌다
누군가 심어두고 간 튤립이 흙 속에서
손을 내밀듯 꽃을 피우고

내 눈빛을 꺼주소서.
그래도 나는 당신을 볼 수 있습니다.

꽃의 눈망울이 그렇게 말하는 것 같았다

흙 속에 뿌리내린 네가

* 릴케의 『기도시집』에서

7
—

간절한
마음이
사람을
움직입니다

릴케는 사랑하는 연인 루 살로메에게 바치는 시의 첫 구절에서 이렇게 썼다. "내 눈빛을 꺼주소서/그래도 나는 당신을 볼 수 있습니다." 눈빛을 꺼도 너를 볼 수 있고 귀를 막아도 들을 수 있고 발이 없어도 갈 수 있고 입이 없어도 너를 부를 수 있다는 간절한 마음이 담긴 그의 시는 『기도시집』에 실려 있다. 그래서 이 시는 연인을 향한 것일 뿐 아니라 신을 향하는 기도로 이해되기도 한다. 많은 이들이 사랑과 종교가 우리의 삶을 송두리째 바꿔놓는다고 한다. 그것은 사랑과 종교 안에 가늠할 수 없을 정도의 간절함이 담겨 있기 때문일 것이다.

프랜신 샤피로는 자신의 치료기법을 소개하는 책 『트라우마, 내가 나를 더 아프게 할 때』의 마지막 몇 페이지에서 이런 일화를 소개한다. 한 임상 전문가가 태풍이 휩쓸고 간 멕시코의 한 마을에서 아이들을 둥글게 세워놓고는 양손을 교차해서 어깨에 대고 두드리는 '버터플라이 허그'를 행하고 있었다. 그때 소년 두 명이 무리에서 멀리 떨어져서 그 광경을 바라보고 있었다. 한참 뒤 한 소년이 다가와 자기 형 헥터가 양팔이 없는데 버터플라이 허그를 할 수 있는지 물었다. 사남매 중 맏이였던 헥터는 허리케인이 몰아친 날, 집 난간을 잡고 동생 세명을 다른 한 팔로 붙든 채 거친 물살에 맞섰다. 동생 둘은 결국 급류에 떠내려갔고, 헥터는 이틀 동안 엄청난 팔의 통증을 견디며 동생 카롤로스를 간신히 살렸다. 그뒤 헥터는 병원에서 썩어가는 양팔을 절단해야만 했다. 임상가는 동생에게 형이 자기를 살리기 위해 최고의 사랑을 보여주었다는 것을 믿는지 물었다. 아이가 그렇다고 말하자 임상가는 아이를 휠체어에 앉은 형 뒤로 가서 서게 했다. 그리고 형을 뒤에서 껴안고 아이의 양팔이 형의 가슴 위에서 교차하도록 했다. 그렇게 정신적 외상을 다루면서 임상가는 "두 아이의 얼굴이 절망에서 깊은 사랑으로 변해가던 그 장면"을 잊을 수 없다고 전했다. 버터플라이 허그의 정확한 동작이 중요한 것이었다면 이 기법은 그 형제에게 아무런 도움이 되지 못했을 것이다. 그러나 그 임상가는 사랑의 마음이 서로에게 가장 잘 느껴질 수 있는 방식으로 그것을 시행하게 했다. 두 아이의 고통스러운 기억은 기법의 기계적 적용을 통해 '처리'되는 것이 아니라, 서로 어떤 간절함을 전하는 과정 속에서 변화된다는 것을 그는 잘 알고 있었다.

상처 입은
치유자

진　사회적 치유의 중요성에 대해 들으면서 많은 사람들이 더 복잡한 기분이 들 수도 있을 것 같습니다. 공동체 전체가 나서서 해결해야 할 커다란 상처인데 나는 눈물을 흘리는 것 말고는, 아주 사소한 일 말고는 할 수 있는 일이 없구나, 이런 깊은 무력감 말이지요. 많은 분들이 자기 안에서 자신의 가족이 희생된 듯한 충격, 공범이 된 듯한 죄책감, 이 사회를 엉망으로 방치한 것에 대한 수치심, 결정적인 원인 제공자들에 대한 분노 등 아주 복합적인 감정의 회오리를 느끼면서 혼란스러워하세요. 이 공동체적 치유의 첫발을 어떻게 내디뎌야 할까요?

정　아주 간절한 마음으로 움직일 때 사소한 것이라도 사람들 마음속에 깊숙이 내려박힌다는 것을 믿으셔야 해요. 어느 유가족 엄마가 국회에 처음으로 단식하러 가던 날 저에게 이런 문자를 보내셨어요. 자기가 진도체육관에 처음 있을 때, 밤이 되면 너무 추워서 자기도 모르게 체육관에서 웅크리고 잠이 들었다고 해요. 그런데 어떤 여학생이 옆에 오더니 핫팩 몇개를 자기 다리 사이랑 등에다 살짝 넣어주고는 깰까봐 얼른 가더라는 거예요. 잠결에 언뜻 그 여학생을 보았는데, 그분이 그 이후에 마음이 크게 흔들린 거예요. 너무 고맙다, 나는 지금까지 살면서 평생 내 새끼하고 내 가족밖에 생각 않고 살았구나, 그렇게 자기 전 생애를 반성하셨다고 해요. 내가 지금 아이를 잃었지만 앞으로는 더이상 이기적으로 살지 않겠다, 그렇게 다짐했다고 제게 길게 쓰셨어요. 이분이 지금 정말 열심히 투쟁하세요. 내 아이는 죽었지만 다시는 이런 일이 있으면 안된다면서요.

저는 그 여학생이 정말로 깊고 깊은 치유자라고 느낍니다. 그런데요, 그 여학생이 자기가 넣어준 핫팩 때문에 한 유가족 부모의 삶이 통째로 바뀌었다는 것을 알까요? 상상도 못할걸요. 설령 그런 얘기를 해도 '제가 할 수 있는 게 그것밖에 없었어요'라고 하지 않을까요? 그런데 진짜 도움이 되는 건 그런 거예요. 그런 만남, 그런 순간에 의해서 사람 마음이 흔들리는 거지 다른 거창한 것에 의해서 움직이는 게 아니에요. 저는 그 여학생에게 어떤 간절함이 있었을 거라고 생각해요. 이십대 초반의 여학생이 무슨 연고로 거기 와서 허드렛일을 하고 있었겠어요. 그런 간절함이 다른 사람의 마음을 움직이게 만들고 의미있는 무언가를 주는 거죠. 그것이 저는 치유라고 생각합니다. 간절히 바라고 눈물을 흘려주는 것과 같은 아주 사소한 행동도 타인에게는 결정적인 도움이 될 수 있다고 믿어요. 치유는 아주 소박한 것입니다. 사람 마음을 어떤 순간에 살짝 만지는 것, 별것 아닌

데 사람이 휘청하는 것, 그냥 울컥하는 것, 기우뚱하는 어떤 순간. 그것이 바로 치유의 순간입니다. 그래서 우리는 모두 치유자가 될 수 있어요. 더구나 지금과 같은 때는 더 그렇죠.

'상처 입은 치유자'wounded healer라는 용어가 있습니다. 상처를 입은 사람이 그 상처를 치유받아본 경험을 통해서 최고의 치유자가 된다는 거예요. 자기가 상처를 받아봤고 그 상처가 치유되는 경험을 한 사람은 사람의 마음이 무엇으로 움직이는지를 이미 경험한 사람이에요. 그런데 사람은 누구나 상처가 있어요. 상처 없는 사람은 존재하지 않아요. 그래서 자기 상처를 인식하고 인정해서 치유받은 경험이 있는 사람은 누구나 치유자가 될 수 있어요. 그런 사람이 누구에게든 최고의 치유자라 할 수 있습니다.

안산 시민은 4월 16일 이후에 모두가 상처 입은 사람이 되었어요. 가까운 이웃이 큰 아픔을 겪고, 본인도 감정적으로 크게 상처를 입었죠. 80년 광주에 있었던 분들을 보면서 저는 치유적인 사람이 많다고 느꼈어요. 상처를 경험하고, 그 과정을 살아냈기에 치유적인 요소에 굉장히 민감하게 된 분들이죠. 지금 세월호 유가족과 진심으로 함께해주시는 분들 중에 그런 사례가 많습니다. 재작년에 태안 해병대캠프 사고로 아이를 잃은 부모님들도 진도체육관까지 내려와서 마음을 보태주셨지요. 4월 16일 이후에 안산에 계신 분들은 모두 가장 탁월한 치유자가 될 수 있는 운명에 던져지셨다고 할 수 있어요. 저는 이 지역공동체가 시민들 자신의 상처를 치유하고 삶에서 가장 큰 고통의 순간에 처한 이웃에게 가장 좋은 치유자들이 되어주는 이웃공동체가 될 수 있다고 믿습니다.

진　말씀을 들으니 피해 당사자들 스스로가 이 사건을 치유하는 데 중요한 치유자로서의 역할을 할 수 있다는 생각이 듭니다. 예전에 한 학술대회에 참여했다가 일본 학자들이 '당사자 연구'에 대해 발표하는 것을 들었는데요, '당사자 연구'는 일본에 있는 '베델의 집'이라는 곳에서 정신적 장애를 겪는 사람들이 자기 증상을 직접 이야기하고 알리는 과정에서 시작된 활동이라고 해요. 의학에서 '증상'이라고 분류하는 것은 당사자들에게는 사실 일반적이지 않은 감각적 경험인 것인데, 그런 경험이나 거기에 따르는 행동을 '정신장애' '광기', 이런 식으로 이름 붙임으로써 그것이 일종의 사회적 낙인이 된다는 거죠. 그보다는 당사자들이 직접 그 경험을 이야기하게 하고 또 공동의 필요를 해결할 수 있는 방법을 연구하는 게 더 도움이 될 수 있다는 거예요. 정신장애는 말할 것도 없고, 트라우마처럼 일반적이지 않은 삶의 경험을 했거나 하고 있는 사람들에게는 전문적인 정보보다 당사자들만의 공통 경험을 공유하는 게 더 필요할 것 같습니다.

정 저는 희생학생 형제들을 대할 때 그런 점을 많이 느껴요. '와락' 때도 그랬지만 부모들이 당장 사선을 넘나드는 상황에 처해 있으면 자녀들의 마음을 미처 살피지 못하거든요. 그러다 부모가 조금씩 마음을 추스르기 시작하면서부터는 아이들의 문제가 드러나 보이기 시작합니다. 그런데 아이들의 경우는 더 조심스럽게 접근해야 하는데, 그러지 않는 것 같아서 안타깝죠. 이것도 잘못된 기능적인 접근방식의 하나일 텐데, 희생학생 명단이 다 파악되어 있으니까 교육청에서 초등학교 중학교, 학교별로 희생학생 형제자매들에게 상담을 권유하는 거예요. 그런데 그렇게 해서는 아무도 안 가죠. 그건 청소년들에 대해서 아무것도 모르고 하는 프로그램이에요. 자신의 고통을 언어로 표현하는 것은 어른들에게도 힘든 일이고 아이들에게는 더 어렵죠. 게다가 자기가 희생학생의 형제자매라는 것이 친구들에게 알려지는 것이 죽을 만큼 싫을 수 있잖아요. 친구들이 자기를 지금까지와 다르게 보는 것도 싫고요. 그래서 담임이 억지로 한두 번 보냈다가도 지금은 다 거부한 상태예요.

그래서 '이웃'에서는 다른 방식을 실험해보고 있어요. 희생학생 형제자매 중에 이십대 아이들이 있잖아요. 동생이 희생된 경우는 그 위로 대학생도 있고 직장인도 있으니까요. 그중에 몇몇 친한 아이들이 모이고 있다는 걸 부모들을 상담하다 알게

치유는 소박한 것입니다.
사람 마음을 살짝 만지는 것,
그냥 울컥하는 것, 기우뚱하는 어떤 순간.
그것이 바로 치유의 순간입니다.

됐어요. 그래서 그 모임을 같이 도와주기 시작했어요. 처음 중근이 생일 모임을 할 때도 중근이 형과 누나의 도움을 받아서 중근이 친구들과 같이 생일 준비를 하고 편지도 쓰면서 이야기를 많이 나눴죠. 그러다보니까 꼭 치유나 상담이라고 하지 않아도 마음이 편안해지는 걸 느끼게 되잖아요. 그러고 나서 생일 모임이 끝난 뒤에 중근이 형과 누나가 찾아왔어요. 동생들 돌보는 일을 같이 해보고 싶다면서요. 제가 그전에 아이들 모임이 있다는 얘기를 하긴 했지만 적극적으로 권하진 않았거든요. 그런데 중근이 친구들을 만나고 편지도 쓰면서 스스로 마음이 많이 움직인 거예요. 그래서 중근이 형도 팽목항에 가서 자원봉사도 하고 '이웃'에도 와서 같이 일을 도왔어요. 그러면서 유가족 부모들과도 인사하고 자기 문제를 드러내기도 하고요.

또 사제가 되려고 했던 성호의 누나인 보나, 예나가 매우 적극적으로 희생학생 형제자매들이나 희생학생 친구들의 상처에 대해 관심을 갖고 활동하고 있어요. 그것이 자신들의 상처를 치유하는 일이기도 하니까요. 그래서 저와 '이웃'이 보나, 예나를 심리적으로 잘 돕는 일은 참 의미있고 중요하죠. 그렇게 이십 대 아이들을 지원해서 그 아이들이 동생들을 돌보게 하는 구조가 훨씬 좋은 것 같아요. 동생들도 누나나 형들을 만나는 것이 어른들보다 편하잖아요. 서로 똑같은 입장이고, 상담받으라는 말도 하지 않고요.

어른들도 그렇지만 상담이라고 하면 자기가 정상이 아니라는 낙인을 찍는 것처럼 받아들이게 되잖아요. 상담을 익숙하게 생각하는 미국에서는 유명인사들도 자기가 상담받는다는 사실을 드러내는 데 거리낌이 없지만 우리나라는 그런 문화가 없잖아요. 더구나 아이들은 더 거부감이 있는데, 일부 전문가들처럼 직접적으로 접근하면 부작용이 클 수밖에요. 처음부터 전문가가 직접 접근하는 건 가능하지도 않고 좋은 방법도 아닌 것 같아요. '진실의 힘' 때도 그랬지만, 피해자 집단 안에서 '상처 입은 치유자 과정'이라는 상담학교를 진행해서 그분들 스스로가 치유활동가가 될 수 있게 했잖아요. 지금은 그분들이 또다른 현장에서 커다란 힘이 되어주고 있어요. 그분들의 존재만으로 너무나 치유적이고요. 그런 경험으로 보아도 '상처 입은 치유자'라는 개념이 물론 정신분석의 기본이기도 하지만 우리 문화에서는 더 잘 받아들여지는 것 같아요. 일반인들을 대상으로 강의를 할 때도 누가 가장 좋은 치유자가 될 것 같으냐고 물어보면 사람들이 다들 상처받은 사람, 아파본 사람이라고 상식적으로 대답하거든요. 그래서 희생학생의 형, 누나가 동생들을 돌보는 것이 가장 편안하게 다가가는 방법이 되는 거죠.

진　선생님이 말씀하신 헨리 나우웬Henri Nouwen의 '상처 입은 치유자'라는 개념이 참 인상적입니다. 나우웬은 사제이자 심리학자죠. 그가 목회자들의 중요한 덕목으로서 상처 입은 치유자의 면모를 강조했기 때문에 저는 그동안 이 단어를 주로 종교적 맥락 속에서 받아들였어요. 물론 한국 교회는 그런 종교적 의미조차도 제대로 받들지 못해 유가족들에게 상처를 주었다는 이야기도 들었습니다. 여러명의 희생자들이 다녔던 안산의 한 대형 교회에 세월호 유가족들이 서명을 받으러 갔다고 해요. 그런데 두번째 주일에는 서명운동은 한번으로 됐다며 더이상 오지 말라고 이야기해서 기독교 신앙을 가진 유가족들이 큰 충격을 받았다는 이야기였습니다. 그동안 가장 깊이 마음을 나눴다고 느꼈던 공동체로부터 배척당하는 기분이었을 것 같습니다. 선생님은 치유공동체를 만드는 중요한 방식 중 하나로 '동네촛불'이 중요하다고 말씀하시기도 했지요?

정　다른 집회에 가면 딱딱한 발언만 하고 행진하다 막히고 경찰과 몸싸움하다 끝나기 일쑤인데, 동네에서 이웃들과 촛불을 들 때는 조금 다른 분위기로 함께할 수 있죠. 나 자신에게 주목해주고 이야기를 들어주고 보듬어주는 느낌의 모임 말이에요. 개인적으로 하고 싶은 얘기들을 하면서 쉴 수 있는, 그러니까 고향집에 와서 아랫목에 몸 누이듯이 진행되는 촛불모임이면 좋겠어요. 지금 유가족들은 하고 싶은 말이 아주 많거든요. 그러니까 그런 기회를 주고 두런두런 이야기를 나누는 거죠.

한 인간으로서 자기 아픔과 삶을 자꾸 얘기하도록 만들어야 해요. 그렇게 함으로써 말하는 사람도 더 홀가분해지고 듣는 사람도 그 마음에 더 많이 공감하게 되고 애달파하게 되죠. 그러면 이 문제에 대해 더 돕고 싶은 마음도 들고요.

그런데 세월호 집회에서 유족들이 발언하는 걸 보면, 어떤 분들은 완전히 운동가처럼 얘기해요. 특별법의 당위성을 피력하고, 우리의 이야기 중 이것은 날조된 거고, 저것은 국정원에서 어떻게 한 거라는 식으로요. 물론 중요하고 분명히 알아야 하는 이야기죠. 그러나 그것만으로 사람들의 마음이 움직이지는 않거든요. 유족이 가지는 한 인간으로서의 고통, 아이에 대한 그리움, 나와 우리의 삶에 대한 생각, 이런 것들을 더 많이 공유하면 사람들 마음이 유족들이 원하는 쪽으로 더 기울어질 거라 생각합니다. 그러니까 그렇게 한 인간으로서의 자기 내면을, 마음을, 감정을 내놓을 수 있게 이야기를 진행하는 것이 중요해요. 특히 저는 광화문 앞의 집회처럼 자극적인 영상을 틀어놓는 것에 대해서는 반대예요. 유가족 부모님 중에서도 그 영상 때문에 광화문에 못 가는 분이 꽤 많았어요. 보통 사람들도 충격적인 영상을 보면 결국에는 고통스러우니까 세월호를 자꾸 밀어내고 싶어해요. 사람은 자기를 보호하게 되어 있거든요. 그렇게 자극적인 것은 오래갈 수 없고, 오히려 더 피하고 외면하게 만듭니다. 사람들이 모이게 하려면 그런 방식을 지양해야 해요. 자꾸 들여다보고 싶게 해야 공감대가 넓어지는 것이지 고통스러워서 열어보기도 어려우면 공감대가 넓어질 수 없어요.

누구에게나
엄마가 필요하다

진　상처 입은 이가 최고의 치유자이고 슬픔의 과정에 함께 동행하는 이웃이 가장 훌륭한 치유자라는 말씀이 마음에 크게 울리는데요, 시민 치유활동가를 양성하는 프로그램인 '누구에게나 엄마가 필요하다'도 그런 취지에서 시작하신 거지요?

정　네, '누구에게나 엄마가 필요하다'는 먼저 서울 시민들을 대상으로 시작했지만 이 프로그램의 원래 취지는 치유를 주위로 자꾸 번져나가게 하는 거예요. 이 프로그램을 거친 시민은 누구나 치유활동가가 될 수 있으니까요. '누구에게나 엄마가 필요하다'는 치유의 본질로 돌아가자는 프로그램이에요. 처음 오는 분들은 프로그램을 시작하려 하면 노트를 펴놓고 열심히 받아적을 준비를 하거든요. 그러면 제가 다 집어넣으시라고 해요. 치유는 배워서 진행하는 것이 아닙니다. 먼저 자기가 한 인간으로서 치유과정에 참여해서 느끼고 스스로 치유적인 경험을 해야 치유가 무엇인지 체득하게 되는 거죠. 그런 다음에 어떻게 그런 경험이 가능할 수 있었는지 스스로 정리할 수 있도록 도와드리고요. 그리고 직접 프로그램을 진행하기 전에 충분히 연습과정을 거치고, 실제 진행할 때도 슈퍼바이저 역할을 하는 리더 치유활동가가 같이 합니다. 리더 치유활동가도 모두 이전에 그 과정을 거친 분이에요. 그전 기수가 그다음 기수의 진행을 도와주는 식이죠. 그러면 누구나 할 수 있어요. 세월호 트라우마는 전문가 몇명이 아니라 안산 시민들 누구나 치유자가 되어야만 해결할 수 있어요.

제가 여기서 말씀드리는 치유는 전문적인 상담기법이 아닙니다. 조리사 자격증이 없어도 우리가 삼시 세끼 집밥을 만들어 먹잖아요. 집밥이 요리사의 음식보다 조금 덜 맛있어도 일상을 꾸려가는 데는 요리사가 만든 고급 요리보다 집밥이 훨씬 중요하죠. 제가 말하는 치유는 시민들이 모두 치유활동가가 되어서 집밥을 만드는 것이에요. 정신과 치료가 필요한 심각한 질환이 아니라 일상적으로 일어날 수 있는 여러가지 심리적인 어려움에 대처하는 영역이죠. 심하지 않은 찰과상은 병원 가서 줄 서지 않고 집집마다 있는 상비약으로 치료할 수 있잖아요. 심리적인 영역에서도 그런 부분이 필요하다는 거예요. 일상적으로 일어나는 스트레스나 심리적 어려움에 대한 대처는 우리가 스스로 할 수 있어야 하는 거예요. 우리가 더 잘할 수 있는 영역이 있어요. 이 프로그램은 그러한 치유의 본질이 무엇인지를 공유하는 거예요. 그리고 정신과의사라고 해도 대부분은 인생에서 닥쳐오는 일반적인 심리적 어려움에 대한 전문가가 아니에요. 정신질환에 대한 지식을 가지고 의학적 치료를 하는 사람들이고, 그 의학적 조치를 할 수 있는 자격증이 있는 사람들이죠. 정신과의사들이 인간의 고통과 상처를 다 해결할 수 있는 훈련을 받지도 않았어요.

진 선생님께서 염려하시는 것처럼, 전문가들이 사태나 사물을 대하는 기능적 방식에 익숙해지다보면 일종의 도착perversion이 발생하는 것 같습니다. 아픈 몸이나 아픈 마음이 자기의 기능적 숙련을 위해 존재하는 것처럼 생각하는 거죠. 이런 태도를 경계하기 위해 좋은 치유자들은 치유는 처치treatment가 아니라고 거듭 강조합니다. 그렇지만 아직도 일부 전문가들은 지금 자신들이 다루고 있는 건 마음이고 몸이고 유리처럼 부서지기 쉬운 건데도 조심성 없는 태도를 보이기도 하죠. 또 오만한 전문가의 반대편에 있는 보통 사람들은 전문가도 다루기 힘든 마음인데 잘못 만지다 큰일 내는 거 아닌가 하는 불안함과 두려움이 크고요.

정 그렇죠. 누구나 치유자가 될 수 있다고 하면 그러다

혼란

니노 니꼴로프

혼란이 지배할 때
굶주림은 자기를 위해 존재한다고
웨이트리스는 생각하기 시작한다,
승객들은 자기를 위해 존재한다고
스튜어디스는 생각하기 시작한다,
환자는 자기를 위해 존재한다고
약사는 생각하기 시작한다,
작가는 자기를 위해 존재한다고
평론가는 생각하기 시작한다—

혼란이 지배할 때
나 역시, 사랑하는 이여, 당신이 나를 위해
태어났다고 생각하기 시작한다.

선무당이 사람 잡는 게 아니냐고 하는 반응도 있어요. 어설프게 나서느니 그저 같이 가슴 아파하고 손잡아주고 이야기 들어주는 정도로 만족하겠다고요. 치유활동가라고 하니 두려움이 생긴다고도 하죠. 그건 자격증 없는 사람들이 갖는 사람에 대한 건강한 두려움입니다. 그건 치유자 역할을 할 때에 아주 중요한 덕목이에요. 저는 그런 불안함, 두려움 때문에 보통의 치유자들이 오히려 사람에게 상처를 덜 준다고 생각해요. 그것이 없으면 폭력이 되기 쉽죠. 자격증이 있는 이들은 사람에 대해서 갖는 건강한 두려움이 상대적으로 더 적을 수 있어요. 왜냐하면 자격증이 있으니까, 그리고 뭔가 지식이 있다고 생각을 하니까요. 그런 이들이 오히려 더 많은 상처를 주기도 해요. 제가 일반인들이 치유자가 되는 모델을 구상한 것도 인간에 대한 건강한 두려움을 가진 사람이 치유자로서 더 적합하다고 생각하기 때문입니다.

진 서울시의 '누구에게나 엄마가 필요하다' 프로그램은 재작년에 처음 시작해서 지금까지 200명이 넘는 치유활동가들을 배출했습니다. 작년에는 각 구별로도 확대해서 진행되었더라고요. 그밖에 서울시 상담학교 이야기도 하셨는데, 그건 어떤 프로그램인가요?

정 상담학교는 '상처 입은 치유자 과정'이라고 해서 치유활동가로서 훈련을 받고 치유 프로그램을 여러차례 진행한 사람들을 대상으로 하는 일종의 심화과정이에요. 우리 사회에 사회적인 재난이 있을 때 적극적이고 실질적인 도움을 줄 수 있는 인력을 길러내는 걸 목표로 해서 시작했는데, 올해 7월에 첫 졸업생을 배출할 예정입니다. 트라우마에 대해서 더 깊이 공부하고, 그 과정에서 자기 안의 트라우마를 발견하면서 다시 치유받고, 실제 상담과정을 실습하기도 하고요. 정신과의사들도 PTSD 피해자를 치료해본 경험이 없는 경우가 많은 것이 우리 현실인데, 그에 비하면 오히려 상담학교 사람들이 트라우마를 깊이 경험한 사람들인 거죠.

'누구에게나 엄마가 필요하다'의 씨앗이 된 첫 팀이 24명이었는데, 시인도 있고 농부도 있고, 방송작가, 아나운서, 회사원, 공무원, 사장, 주부 등등 의도적으로 다양한 직업을 가진 사람들을 모아서 진행했어요. 그 팀이 나중에는 12팀이 되고 기하급수적으로 늘어났죠. 그리고 '누구에게나 엄마가 필요하다' 프로젝트를 서울시에서 위탁받아 운영하는 비영리단체가 만들어졌고요. 그 단체의 대표를 맡고 있는 분이 '와락 치유단'에서 활동했던 분이에요. 그렇게 해서 제가 콘텐츠만 책임지고 나머지는 치유활동가들이 결합해서 같이 해나가는 거죠. 다들 기꺼이 그렇게 해주시니까 안정적으로 구조화가 되었어요.

상처 입은
이들의 연대

진　오만한 전문지식이 가진 문제점에 대해 깊이 느낀 적이 있어요. 제가 말씀드리는 오만함이라는 게 전문가 개개인이 지닌 인품과 관련된 문제는 아니고요. 제 친구 중 한사람이 이십대에 아주 많이 아팠어요. 원래 심장판막증이 있었는데 언젠가부터 음식을 삼키기 어렵고 호흡곤란과 가슴 통증이 오는 등 여러 증세가 나타나서 응급실에 실려가곤 했어요. 그런데 이 친구가 진료 차트에 심장병 환자로 기록되어 있으니까 응급실 의사들이 심장을 중심으로 각종 검사를 하는 거예요. 그러고는 심근경색이 온 건 아니라며 괜찮다고 돌려보내는 거죠. 이렇게 응급실에 실려가는 회수가 점점 많아지니까 이 친구가 위장약이라도 처방받아야겠다는 심정으로 동네 내과에 갔어요. 그런데 그곳 의사가 간단한 엑스레이 촬영을 하더니 왼쪽 가슴 위로 흰 덩어리가 보인다고 다시 종합병원에 가라고 했대요. 그 의사의 소견서를 들고 다시 종합병원에 갔고, 병원에서는 그제야 신경종양이 있다면서 수술을 했다고 합니다. 그 친구 말이, 응급실에 갈 때마다 엑스레이를 찍었고 그때도 그 사진 속에서 종양이 그렇게 확실하게 빛나고 있었는데 어쩌면 그걸 못 볼 수 있느냐는 거예요. 종합병원 응급실의 의사들이 동네 의사보다 전문성이 부족해서 그런가, 그건 아니라는 거죠. 이 친구가 그 종합병원에서 심장수술을 받은 적이 있고 그 기록에 입각해서만 몸을 살폈기 때문에 그게 안 보이는 거예요. 그런 맹목은 의사가 환자에 대한 관심이 부족하다거나 전문가적 성실성이 부족해서라고 말할 수 없는 거죠. 어떤 확고한 틀에 맞춰 그 전문화된 확대경을 가져다대면 전체적으로 마음 써야 할 것, 종합적으로 봐야 할 것들이 안 보이는 경우가 생기는 거예요. 그러니까 심장병 환자라는 정보가 없는 상태에서 가슴 엑스레이 사진을 본 동네 의사에게는 보이는 것이 말입니다.

이렇게 전문성이라고 부르는 것이 어느 순간에는 자신들이 다루는 사물과 존재에 대한 민감성을 떨어뜨리기도 합니다. 어떤 부분을 쪼개고 쪼개서 그 부분에 천착하는 전문화과정이 지닌 중요성을 부정할 수는 없을 것 같아요. 그러나 사물과 가장 민감하게, 매번 새롭게 만나기 위해서는 전문성의 둔감함을 극복하는 작업이 필요할 텐데요, 전문가가 흘리고 빠뜨리고 지나가는 것들을 살뜰하게 챙기고 민감성이 제대로 발휘될 수 있도록 요구하려면 선생님이 지금 하고 계신 작업들이 정말 중요할 것 같습니다. 상처 입은 이들을 연결하는 치유적 공동체를 만드는 건 의료 전문가들이 건너뛰어버린 마음의 아픈 결들을 아픈 이들이 서로 보듬고 다독이는 활동일 테니까요.

정   '누구에게나 엄마가 필요하다'가 그런 연결을 더 적극적이고 구조적으로 촉진해보려는 노력이죠. 사실 상처 입은 치유자들은 자연스럽게 서로 이어지게 되어 있어요. 봉은사에서 고문피해자 상담을 할 때 신도 모임에서 알고는 갈 때마다 가장 좋은 과일을 가져다주셨거든요. 그랬던 분들이 나중에 '와락'에서 김장할 때도 와서 도와주셨고, '이웃'에도 자원봉사하러 오시고, 서울시 치유활동가로도 활동하고 계시고요. 그렇게 다 이어졌어요.

예전에 서울의 한 대학 학생들이 학과 구조조정에 반대해서 총장실을 점거했다가 징계처분을 받은 일이 있었어요. 그때 학생들이 총장실에서 교직원들에게 사지가 들린 채로 끌려나와서 내팽개쳐지고 농성하던 천막도 다 부서지고 하면서 정신적으로 큰 충격을 받았거든요. 우울증에 자살충동까지 겪고요. 그 학생들이 도움을 호소해서 제가 여러차례 집단상담을 했었어요. 그때 제가 그 학생들을 만나러 간다고 했더니 '와락'의 쌍용차 해고자 아내들이 서울에 와서 김밥과 음료수를 사들고 가서 아이들에게 먹이고 상담할 때도 같이 있었어요. 그래서 상담이 끝나고 나서 해고자 아내들에게 어땠느냐고 물었더니, 우리가 겪었던 것과 똑같다고 해요. 총장실 점거했던 학생들이 그것 때문에 징계를 받고 퇴학처분을 당했거든요. 그 과정에서 학교 측이 반성문을 써내면 징계를 면해주겠다고 하고, 그래서 그 학생들이 징계위원회에서 느꼈던 수치심과 모멸감 얘기를 하면서 펑펑 울었어요. 쌍용차 때도 회사 측에서 퇴직 대신 무급휴직 대상자로 해주겠다면서 경위서를 종용한 적이 있어서, 해고자 아내들도 그 심정을 절절하게 아는 거죠. 그래서 그분들이 자기 이야기를 하면서 공감해주고 위로를 많이 해줬어요. '세상은 꼭 옳은 게 이기는 게 아니더라. 그러니까 이기지 않았다고 틀린 게 아니다'라는 얘기도 해주고. 이 사람들이 문학적이거나 지식이 많아서 그런 게 아니라, 자신의 상처에서 나온 생생한 이야기를 하니까 학생들에게 절절하게 다가가는 거죠. 그래서 그 학생들도 대한문 쌍용차 분향소 옆에서 커피를 파는 천막을 만들어서 기부를 하고, 그렇게 다 연결이 되어서 같이하는 힘이 생겼어요. 고문피해자분들이 쌍용차 때 왔던 것처럼 쌍용차 조합원들도 학생들에게 힘을 보내고요.

쌍용차 노동자들이 지금도 굴뚝에 있잖아요. 벌써 7년째 싸우고 있으니까 경제적으로도 더 어려워졌는데, 그럼에도 불구하고 이 사람들이 비교적 안정적이에요. 저는 그것이 바로 상처 입은 이들 간의 연대의 힘이고, 우리가 혼자가 아니라는 것을 확인하면서 생긴 두꺼운 공감대 덕분이라고 생각해요. 상처 입은 치유자들의 이런 연대의 구조가 전방위적으로 넓어지는 것이 곧 치유적인 공기를 만드는 일로 이어지는 거죠. 이미 서울시 치유활동가들이 안산에 와서 '누구에게나 엄마가 필요하다'를 시작하고 '이웃'에도 자원봉사를 오는 등 여러 활동을 하고 있고요. 그런 활동들을 자꾸 넓혀나가는 것이 우리 사회에 치유 바이러스를 확산시키는 일이고, 그게 치유의 핵심이라고 생각합니다.

진 네, 점점 그런 연결들이 더 많아지는 것 같아요. 그런 싸움의 현장이 계속 늘어나는 것이 좋은 일은 아니겠지만, 그런 거점들이 있어서 다른 현장들에 보다 쉽게 찾아갈 수 있는 것 같고요. 사실 선생님이 직접 가서서 치유 바이러스를 전염시킬 수 있는 곳은 한정되어 있는 거잖아요. 그런 것 때문에 어려움이 있었을 것 같아요. 현장들은 계속 생기는 거고 그 요청들에 부응해서 선생님이 모든 곳에 계실 수 있는 건 아니니까.

정 현장은 예전에도 많았지만 찾아가서 연대하는 사람들이 보다 많아진 거라고 생각해요. 그건 무척 긍정적입니다. 우리 사회가 그만큼 나아진 거라고 봐요. 그런 현장이 워낙 많기 때문에 제가 계속 치유활동가들을 만들어낼 수 있는 구조를 고민했던 거죠. '치유자'라고 하면 사람들이 버겁고 부담스러워하니까 '치유활동가'라는 이름을 붙였어요. 그런 역할을 하는 사람들을 자꾸 만들어내는 것이 중요하죠. 제가 다 할 수 없고 그럴 필요도 없어요.

예전에 제가 영화 「300」을 보면서 나와 함께 치유적인 일을 할 사람이 300명만 있으면 너무 좋겠다고 생각했거든요. (웃음) 그런데 지금 생각해보면 300명도 필요 없어요. 제가 몇십명에게 치유 바이러스를 전염시키고 다시 그 사람들이 치유를 퍼뜨리면 되니까요. 서울시 상담학교 과정은 처음에 60명으로 시작했는데, 결석을 딱 한번만 허용했거든요. 그런데도 57명이 남았어요. 이 사람들과 같이 정말 열심히 공부하고 느끼고 많은 이야기를 했어요. 그런 사람들이 점점 많아지겠죠. 그렇게 해서 자꾸 번져나가야죠. 제가 생각하는 치유의 개념에 동의하는 사람이 모이는 구조를 만들어내고, 그런 사람들이 활동할 수 있는 최소한의 사회적 기반을 만들어내는 것이 목표예요.

성찰 없는 마음이 폭력이 됩니다

진　전문가 집단이 잘못해서 특수하고 고통스러운 경험을 가진 사람들을 더 힘들게 하고 상담을 오히려 거부하게 만들었다는 말씀을 하셨잖아요. 기지촌에서 영화작업하는 친구도 비슷한 이야기를 하더라고요. 전문가 집단뿐 아니라 시민사회 집단도 기지촌에 있는 성매매 여성들을 마치 증언기계처럼 다뤄서 생기는 문제들이 있다고요. 그러니까 피해자의 목소리와 실상을 알려서 그들을 돕겠다는 선량한 의도가 있다고 해서 문제가 발생하지 않는 건 아니라는 거죠. 그러니까 매순간의 만남에서 한사람을 한사람으로 배려하고 존중하고 있는지에 대한 점검이 필요할 텐데요. 전문가들이 피해자 혹은 내담자들을 어떤 방식으로 손쉽게 대상화하고 또 어떤 실수를 빈번하게 저지르는지를 얘기해주시면 많은 분들에게 크게 도움이 될 듯합니다.

정　피해자들에게 이렇게 해야 한다, 이건 하지 말아야 한다 하는 것들이 있겠지만, 저는 그것이 근본적으로는 욕망의 문제라고 생각해요. 앞서도 말씀드렸듯이 현장에 들어간다는 것이 전문가에게는 일종의 스펙이 될 수 있거든요. 세월호 현장에서도 많이 느꼈지만, 이렇게 주목받는 현장에서 유가족들을 직접 만나서 얻은 콘텐츠가 있다고 하면 그 집단 내에서는 그게 권력처럼 여겨지는 거예요. 단원고에 가서 보니 학교 교사들, 교육청 장학사 등등 여러가지 경로를 통해서 '내가 어떤 전문가인데 무슨 치료를 해줄 수 있다, 이런 학생들에게는 이렇게 해야한다' 하는 제안이 어머어마하게 들어와서 교사들이 골머리를 썩이고 있는 거예요. 제게도 그런 연락이 많이 오고요. 물론 선한 의도로 찾아오시는 분들이 대부분이지만, 스펙을 쌓기 위해서나 자신의 인정욕망 때문에 오는 사람도 더러 있는 것 같아요.

실은 제 안에도 그런 욕망이 전혀 없지는 않다고 생각해요. 그러니까 그걸 인정하고 자신의 마음이 그렇게 흘러가는 것에 대해서 끊임없이 성찰하고 경계해야 하는 거예요. 그 성찰이 잘 되지 않거나 자신에게는 그런 마음이 없다고 생각하기 때문에 여러 부작용이 생기고, 무엇보다 피해자를 대상화하게 되는 거죠. 그런 경우를 너무 많이 봅니다. 특히 고문피해자들처럼 오래된 트라우마를 지닌 분들은 그동안 그분들을 대상으로 한 연구논문도 많고 프로젝트도 많아서 그럴 때마다 자신들의 상처만 들쑤셔지고는 금방 버려지는 거예요. 그래서 그런 분들을 상담할 때 처음에는 엄청 어려움이 많았어요. 또 내 이야기만 듣고 검사 몇가지 하고 가는 거 아니냐, 당신도 똑같지 않으냐는 거죠. 그건 피해의식이 아니라 피해 경험 때문인 거죠. 상담에 대한 심리적인 저항일 뿐 아니라 현실적인 문제입니다. 전문가 집단이 잘못 접근하면 자신들의 고통이 대상화된다는 느낌을 받을 수밖에 없어요. 사실 이런 성찰은 정말 어려운 일이에요. 자원봉사는 댓가 없이 하는 활동이잖아요. 그러니까 오히려 자신의 그런 욕망을 인정하기가 더 쉽지 않은 거죠. 그래서 댓가 없는 일을 할 때 더 치열한 성찰과 자기검열이 필요한 것 같아요.

진 ___ 깊이 공감이 가는 말씀입니다. 서울시 상담학교에서 57명의 동료 치유자들을 교육하면서 이런 문제들을 인지시키고 보다 성찰적일 수 있도록 하기 위해 어떤 것에 강조점을 두시는지요?

정　상담학교에서는 매 강의 때마다 마지막에 7, 8명씩 그룹을 만들어서 자신의 트라우마나 사적인 이야기를 적극적으로 드러내고 공유하는 과정을 진행했어요. 그리고 상담학교 1학기 마칠 때 어떤 방식으로 평가를 했느냐면, 평가라는 게 사실 반치유적인데, (웃음) 그룹 내에서 롤링 페이퍼 같은 양식을 만들어서 '과정에 대한 몰입도' '타인에 대한 공감력' '자신에 대한 성찰력', 이렇게 세가지 항목에 대해 서로 평가하게 했어요. 점수를 매기거나 등수를 정하기 위해서 한 건 아니고, 다음 학기 시작할 때 그걸 본인에게 주는 거죠. 동료들이 자기를 어떻게 느꼈는지 보여주는 거예요.

그런 평가도 실은 스스로에 대한 성찰력을 자극하기 위한 것입니다. 남을 돕는 과정에서 자기성찰 기능이 작동하지 않으면 강력한 자기확신 때문에 폭력적인 상담이 되는 경우가 많으니까요. 저도 젊은 시절에는 그랬던 적이 있는 것 같고요. 그래서 자기성찰 기능을 끊임없이 자극하는 과정이 필요해요. 성찰은 한번 하면 끝나는 게 아니거든요. 외줄타기를 할 때 멀리서 보면 아주 노련하게 걸어가는 것 같지만 가까이서 보면 한손에

쥘부채를 쥐고는 끊임없이 균형을 잡고 있잖아요. 삶에서도 자기성찰을 통해서 항상 균형을 잡으려고 노력하지 않으면 언제든지 줄에서 떨어질 수 있는 거죠.

일상도 마찬가지지만 상처의 현장은 더해요. 나의 상처 때문에 남의 상처에 공감하는 사람들이 모여 있으니까 더 다이내믹한 관계가 형성되거든요. 특히나 세월호 현장처럼 피해자들에게 마음의 여유가 전혀 없는 경우는 더 심하죠. '와락' 때도 많이 경험했지만 좋은 마음으로 연대하고 함께 돕다가도 결국 상처를 입고 떠나는 경우가 적지 않아요. 제가 개입할 수 있는 경우가 있고 그렇지 않은 경우도 있지만, 그런 갈등을 조정하는 것도 제가 현장에서 해야 할 중요한 치유작업 중 하나입니다.

진 선생님께서 전문적인 슈퍼비전에 대해 비판적인 지적을 해주셨고 또 그 비판이 타당한 부분이 있지만, 다른 의견도 가능할 것 같습니다. 원래 슈퍼비전도 순기능을 말하자면 단지 초보 상담자가 내담자를 잘못 만나고 왔다는 걸 기술적으로 지적받는 게 아니라 상담과정 전체를 조망하면서 내담자를 대상화시키지 않았는지 상의해보고 고민해보고 성찰하는 과정이라고 볼 수 있으니까요. 다만 슈퍼비전이 그런 순기능 대신 자격증 피라미드의 한 부분을 이루고 있는 것이 우리의 현실이라고 생각하시는 것 같아요. 그러면 꼭 권위자에게 의지하는 형식이 아니더라도 지금 57명의 치유자들이 실제로 상담이나 치유활동을 하고 와서 자기성찰을 위한 모둠 활동 같은 것을 하는지요?

정 그렇죠. 그래서 평가도 그룹 안에서 수평적으로 서로가 서로에게 해요. 중간에 그룹 활동도 하고 발표도 했으니까 그걸 바탕으로 제가 평가할 수도 있겠지만, 그건 별로 합리적인 방법이 아닌 것 같아요. 7, 8명이 모였으면 반드시 그 안에서 건강한 집단지성이 발현됩니다. 그것으로 충분하고, 또 그것만큼 정확한 게 없다고 생각해요. 그래서 다양한 의견이 오가는 가운데 자기 활동에 대해서 되짚어보고 자기 나름대로 해석해볼 수 있는 여지를 남겨주는 거죠. 예를 들어서 8명이 같이했으면 자기를 제외한 7명이 한 나에 대한 평가가 나오잖아요. 그걸 보면 사람들이 나를 이렇게 봤구나, 왜 그럴까 고민하면서 자신을 점검하게 되는 거죠. 강압적이지 않은 방법으로요. 또 어떤 경우는 성찰력이 가장 높다는 평가를 받은 사람이 스스로는 무척 자신 없어하는 사람일 수가 있어요. 그러면 내가 부족하다고 생각했던 걸 다른 사람들은 다르게 보는구나, 하고 생각하게 되는 거죠. 그런 여지를 끊임없이 열어두고 자꾸 촉발되도록 하는 게 성찰이에요.

'내 마음 보고서'에서 시 처방을 주는 것도 자기성찰을 자극하기 위한 거예요. 시 처방 대신 심리분석 결과를 바탕으로 전문가가 구체적인 지침을 줄 수도 있잖아요. 그런데 그런 확정적인 지침은 편리한 대신 한편으로는 성찰의 여지가 전혀 없는 폭력적인 방식이 될 수도 있는 거예요. 반면에 시 처방을 받으면 왜 나에게 이 시를 줬을까 궁금해하면서 자기 식으로 생각하고 느껴보는 가운데 훨씬 더 많은 것들이 그 사람 안에서 자극이 되는 거죠.

진　선생님 말씀이 무척 공감이 되는데요. 제가 문학과 철학 텍스트를 가지고 인문상담 작업을 하다보면 예비 전문가들이 가장 많이 묻는 질문이 그거예요. '선생님, 그 사람들한테 그 시가 적당한지 어떻게 알아요? 임상적으로 검증이 됐나요? 통계 돌려서 ADHD 아동들이나 PTSD 환자들에게 효과가 있었다는 걸 알아야 정확한 적용이라고 할 수 있는 거 아닌가요?' 그런데 그 질문들은 한편의 시, 한줄의 문장이 읽는 사람들의 마음에 무수히 많은 무늬를 만들 수 있다는 사실을 잊고 있어요. 그 문장이 어떤 순간에 한사람 마음에 폭풍을 일으키는지는 정확히 예측할 수 있는 게 아니죠. 과학적인 양적 연구는 모두 사전·사후 검사를 하는데, 실험 전과 후에 같은 검사를 해서 그 수치를 비교하는 식이잖아요. 텍스트를 읽는 순간 번개로 정수리를 내려치듯 깨달음이 올 수도 있고, 내내 불편했는데 사후검사 끝난 다음날 아침에 미미한 변화의 조짐을 만들어낼 수도 있고,

수년이 지난 후에 또다른 사건이나 문장들과 겹치면서 인식의 혁명적 전환을 가져올 수도 있고, 사람마다 변화의 방식과 속도가 다를 수 있는 건데, 일정 기간을 뚝 잘라서 비교해보자는 식으로는 실제 변화를 파악하기 어렵죠. 물론 그런 방식으로 처리될 수 있는 정보나 사물들이 있다는 것은 인정하지만, 마음은 빛 같기도 하고 바람 같기도 한 것인데 그것을 딱딱한 나무막대기처럼 다루는 천편일률적인 과학주의가 정말 과학적인지는 저도 의문입니다. 선생님도 비슷한 질문을 많이 받으실 텐데, 시 처방에 대해 그런 질문을 받으면 뭐라고 답하세요?

정 저도 그래요. 계속 읽다보면 왜 줬는지 안다고. (웃음) 머리로만 배우면 제3자적 입장에서 그런 반응을 보일 수 있는데, 자기가 직접 해보고 시를 받으면 전혀 다른 느낌으로 알게 되죠. 어떤 사람은 눈으로 읽었을 때는 몰랐는데 소리 내어 읽다보니까 확 감정이 북받쳐서 왜 이 시를 줬는지 알게 되기도 해요. 그리고 꼭 그런 감정이 우리가 의도한 방식으로 일어나는 것도 아니고요. 그게 문제인 것도 아니죠.

진 네, 정확한 내용을 지닌 처방전으로 준 것이 아니라 그 사람이 당면한 이슈와 관계된 마음을 다루는 시의 언저리에 오래 머물면서 생각하고 또 생각하라, 느끼고 또 느끼라고 보내

너에게

최승자

마음은 바람보다 쉽게 흐른다.
너의 가지 끝을 어루만지다가
어느새 나는 네 심장 속으로 들어가
영원히 죽지 않는 태풍의 눈이 되고 싶다.

는 다정한 선물 같은 거죠.

지금 우리에게
필요한 것

진 　성찰 없는 전문가주의에 대한 우려를 많이 말씀해주셨고 상처 입은 치유자들이 최고의 치유자가 될 수 있다는 점도 강조해주셨는데요, 선생님의 말씀이 참 부드럽고 아름답게 들리지만 조금만 생각해보면 정말 과격한 주장이기도 하지요. 현대의 전문가주의에 정면으로 도전하는 이야기이니까요. 모든 영역에서 전문가들로 구성된 위원회가 필요하고, 오히려 우리 사회에는 쓸 만한 전문가가 없어서 문제라는 게 많은 이들의 생각입니다. 그런데 선생님께서는 오히려 전문성에 대한 강박이 실제로 우리로부터 중요한 해결능력을 빼앗고 상황을 어렵게 한다고 생각하시는 것 같습니다.

정 　전문적으로 해결해야 하는 영역은 분명히 있죠. '누구에게나 엄마가 필요하다'를 하면서도 그런 오해가 있는데, 저는 정신과적인 질환이 있어서 의학적 치료가 필요한 사람은 이 프로그램에서 맡지 않는다고 분명히 얘기해요. 그런 사람은 병원으로 가는 게 맞죠. 그런데 우리가 살면서 겪는 여러가지 심리적인 문제 가운데 정신과적인 치료가 필요한 것은 10퍼센트 이내일 거예요. 나머지 90퍼센트 이상의 문제에 대해서는 다른 방식으로 풀어야 하는데, 우리 사회에서는 그 방법이 너무 없어요. 심리적인 문제를 개방적으로 이야기하는 풍토가 있는 외국에서는 상담도 여러 단계로 세분화되어 있어서 자기 상태에 따라 각각 다른 방식으로 도움을 얻을 수 있어요. 하지만 우리는 그저 심리학 책을 사서 보는 정도밖에 할 수 있는 게 없는데, 그런 책은 일반론적인 접근이어서 구체적인 개인의 문제에는 크게 도움이 되지 않죠. 그래서 그런 90퍼센트에 해당하는 사람들끼리 서로 치유의 경험을 나누자고 하는 거예요.

제가 안산에 오기 전에 '누구에게나 엄마가 필요하다'를 하면서 계속 혼자 생각하고 있던 것이 '적정심리학'이에요. '적정기술'이라는 말이 있잖아요. 1970, 80년대부터 있던 개념인데, 제3세계의 생활을 개선시키는 데 실질적인 도움을 주는 것은 첨단과학기술이 아니라 그 사회의 환경과 조건에 맞는 적정한 수준의 기술이라는 거예요. 예를 들어서 물이 귀한 지역에서는 아이들이 먼 곳까지 가서 물통에 물을 길어와야 해서 학교에 다니질 못해요. 그런데 아이들이 쉽게 굴려서 옮길 수 있는 물통을 만들어서 한번에 많은 양의 물을 길어올 수 있게 하니까 식수 공급도 원활해지고 아이들도 학교에 다닐 수 있게 된 거죠. 오랫동안 제3세계에 천문학적인 구호기금을 쏟아부었는데도 실질적인 효과가 적었다는 반성에서 시작된 운동인데, 저는 마음의 영역에서도 이와 비슷한 적정심리학이 필요하다고 생각합니다.

주변에서 보면 자신의 심리적인 문제 때문에 상담대학원에 가는 사람들이 많아요. 살면서 가족과의 관계에서 갈등을 겪고, 아이를 기르면서도 힘든 일이 많아서 마음에 상처를 입었는데 잘 풀리지가 않으니까, 자신의 그런 심리적인 문제를 해결하고 싶은 동기 때문에 상담대학원에 가서 공부를 하는 거죠. 그래서 학교에서 온갖 이론을 배우고 기법을 배우는데, 이게 맞지 않는 교육이에요. 자신에게 필요한 것은 10퍼센트의 문제를 해결하기 위한 이상심리학이 아니라 90퍼센트를 해결하기 위한 정상심리학, 적정심리학인데 10퍼센트를 위한 공부만 하는 거잖아요. 그것도 아주 기술적으로요. 그런 교육을 받고 학위를 따고 자격증을 따봐야 스스로에게 도움도 안되고 대부분의 사람들에게 도움을 줄 수도 없어요.

'와락'에 와서 자원봉사를 하다가 또다른 자원봉사자를 만나서 결혼한 사십대 초반의 치유활동가가 있어요. 이 사람이 회사원인데 일이 너무 재미없고 보람도 없고, 자기가 너무 무의미하게 사는 것 같대요. 그래서 대학원에 가서 공부를 하고 사람들을 치유하는 일을 하고 싶다고 하는 거예요. 그 말을 듣고 제가 대학원 대신 '누구에게나 엄마가 필요하다' 프로젝트와 상담학교를 제안했어요. 그래서 이 사람이 그 프로그램에 참여하고 나서 직접 치유 프로그램을 진행하는데, 안산에서도 하고 강남구에서도 하고 일주일에 나흘씩 그렇게 열심히 해요. 그러다보면 사람들이 달라지는 걸 눈으로 보게 되잖아요. 평생 이런 느낌을 주고받으면서 살아본 적이 없는데, 그 경험이 너무 좋다고 해요. 대단한 이론이 아니라 몇가지 근본적인 것만 가지고도 실제로 사람들에게 도움이 되는 걸 보니까 놀라운 거죠. 그것이 '누구에게나 엄마가 필요하다' 프로젝트의 핵심적인 문제의식입니다. 복잡한 기술이나 기법이 아니라 이런 적정심리학을 구현하는 것 말이죠. 그래서 나중에는 그런 적정심리학의 근본적인 것들을 잘 정리해보고 싶어요.

진 네, 깊이있는 학술활동과 연구활동, 의료적 전문성이 필요 없다는 게 아니라 모든 사람이 전문가 훈련을 받아서 전문가 과잉 상황을 만들 필요가 없다는 생각이신 거죠. 물론 전문적인 연구를 원하는 사람은 그걸 해야겠죠. 하지만 자기가 필요로 하고 절실하게 생각하는 지식 이상의 것은 그릇에서 흘러넘치는 물과 같다는 것, 또는 마실 사람이 없는 물처럼 누구의 목도 축이지 못하고 헛되이 고인 지식이 된다는 말씀이신 것 같아요. 적정심리학 이상의 심리학은 마음에 대해 호기심을 가지고 더 생각하고 연구해보고 싶은 사람들이 하면 되죠. 그런 사람

사람은 누구나 상처가 있어요.
자기 상처를 치유받은 경험이 있는 사람은
누구나 치유자가 될 수 있어요.
그런 사람이 최고의 치유자입니다.

들이 더 잘할 수 있고요. 이건 전문정보는 전혀 쓸모없다는 식의 반지성주의와는 다른 거라고 생각해요. 오히려 저는 동아시아의 양명학陽明學이 표방했던 '간이직절簡易直截'의 모토가 떠오르는데요, '간이직절'은 '간단하고 쉬워서 바로 실행할 수 있는' 지혜로 대중과 호흡하는 학문공동체 운동을 벌였던 왕양명王陽明의 주요 개념이죠. 양명학의 가장 유명한 주장 가운데 하나가 저잣거리에서 만나는 모든 사람이 성인聖人이라는 건데요, 저는 선생님과 대담을 하면서 선생님이 양명학의 진정한 후예가 아닌가 잠시 생각하기도 했어요. (웃음) 왕양명이 길거리의 모든 사람이 성인인 근거로 마음의 양지良知를 들었는데, 선생님이 모든 사람의 마음에 있는 온전성을 바탕으로 모든 사람이 치유자가 될 수 있다고 보시는 것과 대단히 비슷하죠. 혹시 간이직절을 모토로 하는 학교를 만드실 계획 같은 건 없으세요?

 정 비슷한 생각은 있는데, 체계를 갖추고 크게 일을 벌이는 건 제 역할이 아닌 것 같아요. 대신에 제가 씨앗을 뿌려놓으면 나중에 그걸 더 크게 발전시킬 수 있는 사람이 있으면 좋겠어요. 저는 더 소박하고 좀더 근본적인 작업을 하고 싶고요. 저는 강의할 때도 눈을 마주치지 않으면 잘 못해요. 그래서 일부러 불을 환하게 켜놓아요. 그런 작은 범위에서 하는 일이 제게는 가장 만족스럽고 효율적인 것 같아요.

제가 예전에 정말 하고 싶었던 일이 무엇이었냐면, 경기도 양평에 작은 상담학교를 여는 것이었어요. 제가 지금은 안산에서 지내고 있지만 원래 집은 양평에 있거든요. 양평에 오일장이 서는데, 장날에는 무료로 상담을 하고 나머지 날에는 상담학교를 여는 거예요. 학교라고 해도 거창한 학교가 아니라 정말로 배우고 싶은 사람은 누구나 배울 수 있게 열린 학교를 만드는 거죠. 그래서 정말로 양평군청, 읍사무소까지 다 답사를 했어요. 그렇게 2, 3년 뒤에 시작하려고 이명수 선생과 구체적으로 계획을 세우고 둘이서 기대에 부풀어 있었는데 세월호 사고가 터져서 회사도 빨리 그만두게 되고 생각과는 전혀 다르게 흘러온 거죠.

그래서 지금은 세월호 사건이 잘 정리돼서 '이웃'이 '와락'처럼 독자적으로 작동할 수 있는 씨스템을 만드는 게 우리 목표예요. 그 목표가 잘 이루어지고 나면 그 꿈에 대해서 다시 생각해볼 수 있겠죠. 그것이 선생님이 말씀하시는 학교를 제 방식으로 구현하는 것일 수 있겠고요. 그렇게 해서 치유적인 활동의 핵심적인 정신이 잘 다져지고, 그런 사람들을 제 일생에 100명만 만들 수 있어도 저는 제가 할 일은 다 했다고 생각해요. 그다음 단계까지 가서 그걸 체계화하고 틀을 만드는 일까지 하면서 분주하게 살고 싶지는 않아요.

아무래도 제가 죽음에 대해서 자주 접하다보니까 나 자

신의 죽음에 대해서도 많이 생각하게 되고 이명수 선생과도 자주 얘기하게 되는데, 그러다 결론처럼 이야기하는 게, 우리는 그동안 원 없이 재미나고 행복하게 하고 싶은 일 다 하고 살았으니까 언제 죽어도 여한이 없지 않겠냐, 그러니 사는 데까지만 살고 죽으면 된다는 거예요. 그러다보니 문득 우리 부부가 무척 사치스럽게 산다는 느낌이 들더라고요. 사실 저는 하고 싶은 일을 다 하면서 살고 있는 것이거든요. 세월호 참사 때문에 가슴 아파하고 안산에 와서 작은 일이라도 더 하고 싶지만 여러가지 이유 때문에 그러지 못하는 자원봉사자들이 많아요. 그런데 우리는 안산에 오고 싶다고 해서 바로 온 거잖아요. 이거야말로 정말 사치스럽게 원 없이 사는 삶인 거죠. 그래서 이런 삶을 마치 희생적인 것처럼 바라보는 시선을 접하면 굉장히 난처해요. 저는 희생하고 욕망을 억누르면서 사는 게 아니라 정말로 내 마음대로 사는 건데. (웃음)

진　저도 정치적인 신념이나 인생관에서 나온 결단이나 활동을 자꾸 착하다, 선량하다 같은 윤리적 어휘로 분류하는 건 참 불편해요. 그런데 대개는 어떤 윤리적인 태도로 문제를 해결하자는 입장, 아니면 거시적인 구조 또는 조직과 체계를 만들자는 입장, 이런 양자택일로 갈리잖아요. 그런데 선생님은 또 조직화하고 체계화하는 방식은 하지 않으시겠다고 해요. 물론 잘하는 일이 아니라서 안한다고 말씀하셨지만, 제가 듣기에는 그런 방식으로 움직이지 않으면 본의가 상실된다고, 그러니까 선생님 표현대로라면 막대기가 쓰러진다고 생각하신다는 느낌이 들어요. 정확하게 체계화된 방식으로 갔을 때 선생님이 의도하신 작업의 성격이 변질될 수도 있다고 생각하시는 건 아닌지……

정　그럼요, 그럴 수 있죠. 제가 하는 일은 그렇게 대규모로, 조직적으로 해서 되는 일이 아니에요. 그러면 반드시 그 핵심적인 가치가 훼손될 수밖에 없다고 생각합니다. 저는 적어도 우리 당대에는 치유에 관한 한 눈에 보이는 성과를 얻을 수 없을 거라고 생각해요. 우리나라는 마음을 고려하고 배려하는 기반이 너무나 취약하니까요. 자기 마음을 터놓고 서로 의논하는 것 자체가 조심스러운 사회잖아요. 그런 토대에서 급하게 뭘 조직하고 만든다는 건 공허한 일이 될 수 있다고 생각해요. 의욕만으로 할 수 있는 일도 아니고요. 그저 할 수 있는 한 찬찬히 뿌리를 내리는 방향으로 노력하다보면 백년 후쯤에는 눈에 보이는 변화를 낳을 수도 있겠죠. 그래서 저는 제가 꼭 해야 하는 것, 가장 잘할 수 있는 것, 본질적인 것에서 벗어나지 않으려고 해요. 욕심 부릴 것도 없고 그냥 소박하고 시시하게. 갈수록 그런 생각을 많이 하게 돼요.

진　이렇게 뜨거운 현장에 있으면서 그런 차분하고 소박한 마음을 유지한다는 게 쉽지는 않을 것 같습니다. 어떤 곳에 적합한 정서적 패턴이나 삶의 습관이 있는 거니까요. 선생님이 이야기하시는 시시한 삶은 지금 선생님이 사는 뜨거운 삶과 너무 멀리 있다고도 느껴지거든요.

정　그렇지 않아요. 사실은 지금도 시시해요. 이명수 선생이 늘 그렇게 얘기하거든요. 자기는 엄마들이랑 앉아서 양파 까고 마늘 까면서 농담하는 게 일이라고요. 사람들이 유가족이라고 하면 조심스러워서 이야기를 잘 못하는데, 우리는 그렇게 농담하면서 상황을 살피고 유가족들의 고민을 파악하는 것이거든요. 그런데 그게 사실은 무척 시시한 일이죠. 우리 딴에는 아주 중요한 일이라고 하고 있지만, 옆에서 봐도 뭘 하는지 모르는 거예요. (웃음) 지금 이 현장이 주목받으니까 뜨거워 보이는 거지 사실은 시시하고 눈에 잘 띄지도 않는 일이라고 생각해요.

진　저는 시시하게 시 쓰는 사람이라서 시시한 거 굉장히 좋아해요. (웃음) 김사인 시인이 진행하는 팟캐스트의 이름이 '시시한 다방'이기도 한데요. 시인들은 시시한 건 '詩詩한' 거라고 우깁니다. 그때 시라는 것은 그저 아름다운 말이 아니고 공자가 말한 시와 비슷한 것 같습니다. 공자는 『시경詩經』에 나온 시

삼백편을 한마디로 사무사思無邪, 그러니까 생각에 삿됨이 없는 거라고 표현했죠. 우리 마음에 감춰야 할 아무런 사악함이 없는 그런 시시함으로 인생이 가득 찼으면 할 때가 많아요. 아무것도 숨길 것 없는 상태에서 마음을 터놓고 서로 이해하는 바탕이 우리 사회에 생겨나지 않은 이유가 뭘까요?

정 우리 마음에 어떤 실체적인 사악함이 있어서는 아니라고 보고요, 오히려 저는 속도 때문인 것 같아요. 속도가 너무 빨라서. 성찰을 빠르게 한다는 건 불가능하잖아요. 여백이 있어야 마음을 들여다볼 수 있고, 오래 머무를 수 있어야 성찰이 이루어질 수 있는데, 이런 속도에서는 안되는 거죠. 세살 때 미적분을 푸는 천재는 있어도 세살에 세상 이치를 통달하는 천재는 없잖아요. 자기가 하나하나 경험하고 깊게 성찰해야 성숙해지는 건데, 우리 사회가 그런 여지를 주지 않는 것 같아요.

마인드프리즘에 있을 때도 기업 CEO들을 대상으로 상담을 하다보면 직원들에까지 확대해서 집단치유 프로그램을 받게 하는 경우가 많거든요. 실은 그럴 때 그런 얘기를 많이 했어요. 이런 프로그램보다 사실 일찍 퇴근시켜주는 게 더 낫다고요. (웃음) 야근할 것 다 하고 이런 프로그램을 위해서 또 시간 내는 게 정말 난센스잖아요. 또 기업 임원들을 보면 자녀에게 예술 분야 공부를 시키는 경우가 많은데, 비싼 돈 들여서 교육시켜봐야 사람들이 이렇게 늦게까지 일하면서 바쁘게 사는데 예술을 즐길 수 있는 풍토가 만들어질 수 있겠느냐고, 그런 얘기도 했어요. 예술도 문화도 치유도, 우리 사회의 이런 속도에서는 힘들죠.

진 가속화되는 속도 때문에 커다란 사회적 재난, 트라우마가 범람하는 상황이라고도 할 수 있겠네요. 그렇다면 지금과 같은 사회적 트라우마에 제대로 대처할 수 있기 위해서 지금 우리 사회에 가장 필요한 것이 무엇이라고 생각하시는지요?

정 세월호 사고 당시 팽목항에 심리상담 부스가 여럿 있었다고 했잖아요. 그게 물론 터무니없는 일이긴 했지만, 어떤 면에서는 이런 문제가 일어났을 때 심리치료가 필요하다는 사회적 합의는 겨우 생긴 것 같아요. 예전에도 수많은 재난과 사고가 있었지만 그로 인한 사회적 트라우마에 대처하려는 노력은 없었던 게 사실이죠. 저는 우리 사회에 그런 사회적 합의가 생긴 것이 쌍용차 이후가 아닌가 싶어요. 이제는 '와락'에 다른 현장의 노동자들이 전화해서 우리도 치유가 필요한데 왜 안 와주느냐고 항의성 부탁을 하는 일도 있거든요. 그건 무척 좋은 일이라고 생각합니다. 투쟁 구호만 외치던 노동자들이 스스로 치유가 필요하다는 걸 인정하는 거잖아요. 이전에 비하면 엄청난 발전이에요. 그런데 딱 거기까지죠. 치유가 필요하다는 합의는 이루어졌지만, 치유에 필요한 것은 전혀 준비되어 있지 않아요. 그 사실이 이번 세월호 사고에서 여실히 드러난 거죠. 그걸 인정하는 것부터 시작해야 할 것 같아요. 준비가 되어 있지 않았다는 것을 인정하는 것, 그게 가장 중요하다고 생각해요.

　　　진　　우리 사회가 이런 지경까지 준비가 안된 사회라는 게 절망스럽다는 분들도 있을 거예요. 그렇죠. 300명이 넘는 사람들을 수장시키고 희망을 말하다니 참 무색한 일이죠. 희망이 없다고 말하는 게 정직한 것일지도 모르겠어요. 오늘 집을 나오다 예전에 사둔 에릭 호퍼Eric Hoffer의 『길 위의 철학자』라는 책이 눈에 띄어서 들고 오면서 읽었는데요, 이 사람이 떠돌이 노동자로 일생을 보낸 철학자인데 어느날 지나가다 한 운전사의 차를 얻어탔답니다. 호퍼가 목적지가 뚜렷하지 않다고 말하니까 이 운전사가 '희망이 없으면 모든 것을 잃는다. 태어나지 않은 것만 못하다'라는 괴테의 말을 인용하면서 훈계를 했어요. 그런데 이 떠돌이 노동자가 듣기에 괴테가 진짜 그렇게 말했다면 별로 대단한 인물이 아니라는 생각이 드는 거예요. 자기는 별 볼일 없는 노동자였지만 살아보니까 희망을 도무지 말하기 어려운 순간이 있더라는 거죠. 그래서 다음 도시에 도착하자마자 도서관에서 갔어요. 괴테의 책을 찾아보니 운전사가 잘못 인용한 것이었대요. 괴테는 '희망Hoffnung이 없으면'이라고 한 것이 아

니라 '용기Mut가 없으면'이라고 말했던 거죠. 선생님이 말씀하

셨듯이 준비가 되어 있지 않았다는 것을 인정하는 것, 그것은 희

망이 아니라 용기의 문제입니다. 무엇보다 준비 미흡에 책임을

지고 잘못을 인정해야 할 사람들이 인정할 용기를 내지 않아 우

리가 희망에 대해 말하는 일이 쉽지 않은 것이죠. 이 대담이 책

으로 나올 때쯤에는 우리의 용기로 진실이 제대로 밝혀지기를

바라봅니다.

안산으로 이주한 지 1년이 되어갑니다. 세월호 참사가 일어난 지 1년이 된다는 뜻이기도 합니다. 사는 곳, 만나는 사람, 하루의 일과, 생사관 등 개인적으로 참 많은 것이 달라졌는데 또 어떤 것은 시간이 지나도 놀랄 정도로 그대로입니다. 슬픔과 고통이 그렇습니다.

아침저녁으로 오가는 안산 숙소와 '이웃' 사이 20여분 거리의 길옆 가로등, 상담을 하다 가끔씩 나와서 걷는 화정천변 길 가로수마다 유가족 부모 마음이 한줄 문장으로 적힌 노란 현수막이 도열하듯 걸려 있습니다. 아이들이 너무 생생하고, 부모의 고통은 더 또렷해서 가슴에 전기가 흐릅니다. 매일. 치유공간 '이웃'에서의 시간도 다르지 않습니다. 부모들이 전하는 아이 얘기를 듣다가, 엄마들이 보여주는 아이 사진들을 보다가, 별이 된 아이 생일에 가족, 친구들이 함께 모여 '생일 치유 모임'을 하다가도 '도대체 얘가 왜 지금 없는 거지?' 하는 느낌이 들곤 합니다. 아이들이 너무 생생해서.

세월호 사건이 일어난 게 1년 전이라지만 안산에서 느끼는 비현실감은 여전합니다. 유가족들이나 가까운 주변 사람들은 살아도 산 게 아닌 듯 죽어도 죽은 게 아닌 듯한 느낌으로 살아갑니다. 저에게도 살았다는 실감은 죽음의 실감 때문에 차갑고 멀게 느껴지기도 하다가 때론 더 절박해지기도 합니다. 삶과 죽음이 이렇게 하루에도 수십번씩 교차합니다. 며칠 전에는 40년 전 돌아가신 내 어머니의 임종 장면을 꿈에서 만났습니다. 어릴 적에 엄마가 돌아가셔서 임종을 지키지 못했는데 막대기처럼 굳은 엄마의 몸을 어른이 된 내가 다정하게 안고 눈물범벅이 되어 마지막 인사를 했습니다. 꿈에서.

세월호가 진도 앞바다에 죽음처럼 가라앉으면서 유족들뿐 아니라 유족들 옆에 있는 제 삶과 유족들 삶에 감정이입이 깊숙이 되는 많은 이들의 삶에도 죽음이 묵직하고 단단하게 자리를 잡고 들어앉았습니다.

삶과 죽음의 경계가 흐려지면서 생기는 비현실감들, 그 때문에 저는 실수를 한 적이 많습니다. 현실감각, 시간감각이 흐려지니 본의 아니게 약속을 놓치고 결례를 저지르기도 합니다.

각종 트라우마의 현장에서 제일 또렷한 트라우마의 증상으로 그런 비현실감을 거론하곤 하는데 저도 그러고 있는 것입니다.

먹먹하고 아프고 비현실감 넘치는 시간들을 통과하며 나눴던 대담이라 그런지 아쉬움도 많이 남습니다. 대담을 마치고 나니 꼭 해야 할 말이 더 또렷하게 떠오르는 것도 같습니다. 진은영 선생과 대담을 하며 현실감이 조금씩 돌아오는 것 같기도 합니다. 그 얘기들은 나중에 또 다른 방식으로 전하겠습니다.

작년과는 완전히 다른 봄이 왔습니다. 누군가의 말처럼 안산의 봄은, 봄꽃이 총알이 되는 슬픈 시가전의 현장입니다. 아이들과 함께했던 추억들이 어디에나 있어서 엄마 아빠와 형제, 이웃들에게 총알처럼 날아와 박히기 때문입니다.

별이 된 아이들과 어른들, 유가족들을 위해 기도해주시길 부탁드립니다. 간절함만이 사람을 위로하고, 떠난 영혼에 따스하게 가닿을 수 있으며 간절함만이 세상을 움직일 수 있다고 생각하기 때문입니다. 안산의 현장 치유자로서 제가 할 수 있는 가장 간절한 당부는 그뿐입니다. 저도 매일 그러고 있습니다. 합장.

2015년 4월
정혜신

천사들은 우리 옆집에 산다
사회적 트라우마의 치유를 위하여

초판 1쇄 발행/2015년 4월 15일
초판 6쇄 발행/2022년 10월 25일

지은이/정혜신 진은영
펴낸이/강일우
책임편집/이상술
펴낸곳/(주)창비
등록/1986년 8월 5일 제85호
주소/10881 경기도 파주시 회동길 184
전화/031-955-3333
팩시밀리/영업 031-955-3399 편집 031-955-3400
홈페이지/www.changbi.com
전자우편/nonfic@changbi.com